米开朗琪罗传

[法] 罗曼・罗兰—— 著
傅　雷—— 译

中央编译出版社
CCTP Central Compilation & Translation Press

图书在版编目（CIP）数据

米开朗琪罗传 /（法）罗曼·罗兰著；傅雷译．—北京：中央编译出版社，2023.12

ISBN 978-7-5117-4552-1

Ⅰ.①米… Ⅱ.①罗… ②傅… Ⅲ.①米开朗琪罗（Michelangelo，Buonarroti 1475-1564）—传记 Ⅳ.①K835.465.72

中国国家版本馆 CIP 数据核字（2023）第 194617 号

米开朗琪罗传

图书策划 张远航
责任编辑 哈 曼
责任印制 李 颖
出版发行 中央编译出版社
网 址 www.cctpcm.com
地 址 北京市海淀区北四环西路 69 号（100080）
电 话 （010）55627391（总编室） （010）55625174（编辑室）
（010）55627320（发行部） （010）55627377（新技术部）
经 销 全国新华书店
印 刷 三河市宏达印刷有限公司
开 本 710 毫米 ×1000 毫米 1/16
字 数 130 千字
印 张 12.75
版 次 2023 年 12 月第 1 版
印 次 2023 年 12 月第 1 次印刷
定 价 68.00 元

新浪微博：@ 中央编译出版社 **微 信：**中央编译出版社（ID：cctphome）
淘宝店铺：中央编译出版社直销店（http://shop108367160.taobao.com）（010）55627331

本社常年法律顾问：北京市吴栾赵阎律师事务所律师 闫军 梁勤

译者弁言

本书之前，有《贝多芬传》；本书之后，有《托尔斯泰传》：合起来便是罗曼·罗兰的不朽的“名人传”。翻译本书的意念是和翻译《贝多芬传》的意念一致的，在此不必多说。在一部不朽的原作之前，冠上不伦的序文是件亵渎的行为。因此，我只申说下列几点：

一、本书是依据原本第十一版全译的。但附录的米氏诗选因其为意大利文原文（译者无能），且在本文中已引用甚多，故擅为删去。

二、附录之后尚有详细参考书目（英、德、美、意四国书目），因非目下国内读书界需要，故亦从略。

三、原文注解除删去最不重要的十余则外，余皆全译，所以示西人治学之严，为我人作一榜样耳。

1934年1月5日

原序

在翡冷翠（又名佛罗伦萨）的国家美术馆中，有一座被米开朗琪罗称为《胜利者》的白石雕像。这是一个裸露的青年，生成美丽的躯体，低低的额上垂覆着鬈曲的头发。昂昂地站着，他的膝盖踞曲在一个胡髭满面的囚人背上，囚人蜷伏着，头伸向前面，如一匹牛。可是胜利者并不注视他。即在他的拳头将要击下去的一刹那，他停住了，满是沉郁之感的嘴巴和犹豫的目光转向别处去了。手臂折转去向着肩头：身子往后仰着；他不再要胜利，胜利使他厌恶。他已征服了，但亦被征服了。

这座英雄的惶惑之像，这个折了翅翼的胜利之神，在米开朗琪罗全部作品中是永留在工作室中的唯一的作品，以后，达涅尔·特·沃尔泰雷[①]想把它安置在米氏墓上——它即米开朗琪罗自己，是他整个

① 达涅尔·特·沃尔泰雷（约 1509—1566），意大利画家和雕塑家，米开朗琪罗挚友之一，也是最有才能的追随者之一。

米开朗琪罗画像

生涯的象征。

痛苦是无穷的，它具有种种形式。有时，它是由于物质的凌虐，如灾难、疾病、命运的褊枉、人类的恶意。有时，它即蕴藏在人的内心。在这种情境中的痛苦，是同样的可悯，同样的无可挽救，因为人不能自己选择他的人生，人既不要求生，也不要求成为他所成为的样子。

米开朗琪罗的痛苦，即这后一种。他强有力，他生来便是为战斗为征服的人；而且他居然征服了——可是，他不要胜利。他所要的并不在此——真是哈姆雷特式的悲剧呀！富有英雄的天才而没有实现的意志；富有专断的热情而并无奋激的愿望：这是多么悲痛的矛盾！

人们可不要以为我们在许多别的伟大之外，在此更发现一桩伟大！我们永远不会说是因为一个人太伟大了，世界于他才显得不够。精神的烦闷并非伟大的一种标识。即在一般伟大的人物，缺少生灵与万物之间、生命与生命律令之间的和谐并不算是伟大，却是一桩弱点——为何要隐蔽这弱点呢？最弱的人难道是最不值得人家爱恋吗？——他正是更值得爱恋，因为他对于爱的需求更为迫切。我绝不会造成不可企及的英雄范型。我恨那懦怯的理想主义，它只教人不去注视人生的苦难和心灵的弱点。我们当和太容易被梦想与甘言所欺骗的民众说：英雄的谎言只是懦怯的表现。世界上只有一种英雄主义，便是注视世界的真面目——并且爱世界。

我在此所要叙述的悲剧，是一种与生俱来的痛苦，从生命的核心中发出的，它毫无间歇地侵蚀生命，直到把生命完全毁灭为止。这是巨大的人类中最显著的代表之一，一千九百余年来，我们的西方充塞着他的痛苦与信仰的呼声——这代表便是基督徒。

将来，有一天，在多少世纪的终极——如果我们尘世的事迹还能保存于人类记忆中的话——会有一天，那些生存的人们，对于这个消逝的种族，会依凭在他们堕落的深渊旁边，好似但丁俯在地狱第八层的火坑之旁那样，充满着惊叹、厌恶与怜悯。

但对于这种又惊又佩又恶又怜的感觉，谁还能比我们感得更真切呢？因为我们自幼便渗透这些悲痛的情操，便看到最亲爱的人们相斗，我们一向识得这基督教悲观主义的苦涩而又醉人的味道，我们曾在怀疑踌躇的时光，费了多少力量，才止住自己不致和多少旁人一样堕入虚无的幻象中去。

神呀！永恒的生呀！这是一般在此世无法生存的人们的荫庇！信仰，往往只是对于人生对于前途的不信仰，只是对于自己的不信仰，只是缺乏勇气与欢乐！……啊！信仰！你的苦痛的胜利，是由多少的失败造成的呢！

基督徒们，为了这，我才爱你们，为你们抱憾。我为你们怨叹，我也叹赏你们的悲愁。你们使世界变得凄惨，又把它装点得更美。

当你的痛苦消灭的时候，世界将更加枯索了。在这充满着卑怯之徒的时代——在苦痛前面发抖，大声疾呼地要求他们的幸福，而这幸福往往便是别人的灾难——我们应当敢于正视痛苦，尊敬痛苦！欢乐固然值得颂赞，痛苦亦何尝不值得颂赞！这两位是姊妹，而且都是圣者。她们锻炼人类开展伟大的心魂。她们是力，是生，是神。凡是不能兼爱欢乐与痛苦的人，便是既不爱欢乐，亦不爱痛苦。凡能体味她们的，方懂得人生的价值和离开人生时的甜蜜。

罗曼·罗兰

目录

导言

这是一个翡冷翠城中的中产者——

——那里，满是阴沉的宫殿，矗立着崇高的塔尖如长矛一般，柔和而又枯索的山岗细腻地映在天际，岗上摇曳着杉树的圆盖形的峰巅，和闪闪作银色、波动如水浪似的橄榄林。

——那里，一切都讲究极端的典雅。洛伦佐·特·梅迪契的讥讽的脸相，马基雅弗利[①]的阔大的嘴巴，波提切利[②]画上的黄发，贫血的维纳斯，都会合在一起。

——那里，充满着热狂、骄傲、神经质的气息，易于沉溺在一切盲目的信仰中，受着一切宗教的和社会的狂潮耸动，在那里，各个人是自由的，各个人是专制的，在那里，生活是那么舒适，可是那里的人生无异是地狱。

① 马基雅弗利（1469—1527），意大利政治家。

② 波提切利（1445—1510），意大利文艺复兴时期画家。

——那里，居民是聪慧的、顽固的、热情的、易怒的，口舌如钢一般尖利，心情是那么多疑，互相试探、互相嫉妒、互相吞噬。

——那里，容留不下莱奥纳多·达·芬奇[①]般的自由思想者，那里，波提切利只能如一个苏格兰的清教徒般在幻想的神秘主义中终其天年，那里，萨伏那洛拉[②]受了一般坏人的利用，举火焚烧艺术品，使他的僧徒们在火旁舞蹈——三年之后，这火又死灰复燃地烧死了他自己。

在这个时代的这个城市中，他是他们的狂热的对象。

“自然，他对于他的同胞们没有丝毫温婉之情，他的豪迈宏伟的天才蔑视他们小组的艺术、矫饰的精神、平凡的写实主义，他们的感伤情调与病态的精微玄妙。他对待他们的态度很严酷，但他爱他们。他对于他的国家，并无达·芬奇般的微笑的淡漠。远离了翡冷翠，便要为怀乡病所苦。”“我不时堕入深切的悲苦中，好似那些远离家庭的人一样。”（见罗马，一四九七年八月十九日书）

一生想尽方法要住在翡冷翠，在战争的悲惨的时期中，他留在翡冷翠；他要“至少死后能回到翡冷翠，既然生时是不可能”。“死之于我，显得那么可爱；因为它可以使我获得生前所不能得到的幸福：即回到我的故乡。”

① 莱奥纳多·达·芬奇（1452—1519），意大利文艺复兴时期著名画家、雕塑家、建筑家和工程师。

② 萨伏那洛拉（1452—1498），中世纪后期意大利宗教改革家。

达·芬奇:《圣母子和圣安妮》

因为他是翡冷翠的旧家，故他对于自己的血统与种族非常自傲。博纳罗托·西莫内，裔出塞蒂尼亚诺，在翡冷翠地方志上自十二世纪起即已有过记载。米开朗琪罗当然知道这一点。“我们是中产阶级，是最高贵的世裔。”（一五四六年十二月致他的侄子利奥那多书）——他不赞成他的侄子要变得更高贵的思念：“这绝非自尊的表示。大家知道我们是翡冷翠最老最高贵的世家。”（一五四九年二月）——他试着要重振他的门第，教他的家庭恢复他的旧姓西莫内，在翡冷翠创立一族庄；但他老是被他兄弟们的平庸所沮丧。他想起他的弟兄中有一个（西吉斯蒙多）还推车度日，如乡下人一般地生活着，他不禁要脸红。一五二〇年，亚历山德罗·特·卡诺萨伯爵写信给他，说在伯爵的家谱上查出他们原是亲戚的证据。这消息是假的，米开朗琪罗却很相信，他竟至要购买卡诺萨的宫邸。据说那是他的祖先的发祥地。他的传记作者孔迪维依了他的指点把法王亨利二世的姊妹和玛尔蒂尔德大伯爵夫人都列入他的家谱之内。一五一五年，教皇利奥十世到翡冷翠的时候，米开朗琪罗的兄弟博纳罗托受到教皇的封绶。甚至比对于他的天才更加自傲。他不答应人家当他艺术家看待：

“我不是雕塑家米开朗琪罗……我是米开朗琪罗·博纳罗托……”他又说：“我从来不是一个画家，也不是雕塑家——作艺术商业的人。我永远保留着我世家的光荣。”（一五四八年五月二日致利奥那多书）

他精神上便是一个贵族，而且具有一切阶级的偏见。他甚至说：

“修炼艺术的，当是贵族而非平民。”他的传记作者孔迪维所述语。

他对于家族抱有宗教般的、古代的、几乎是野蛮的观念。他为它牺牲一切，而且要别人和他一样牺牲。他将，如他所说的，“为了它而卖掉自己，如奴隶一般”。一四九七年八月十九日致他的父亲书——他在一五〇八年三月十三日三十三岁时才从父亲那里获得成年独立权。在这方面，为了些微的事情，他会激动感情。他轻蔑他的兄弟们，的确他们应该受他轻蔑。他轻蔑他的侄子——他的继承人。但对于他的侄子和兄弟们，他仍尊敬他们代表世系的身份。这种言语在他的信札中屡见不鲜：

“我们的世系……维持我们的世系……不要令我们的血统中断……”

凡是这强悍的种族的一切迷信、一切盲从，他都全备。这些仿佛是一个泥团（有如上帝捏造人类的泥团），米开朗琪罗即在这个泥团中形成的。但在这个泥团中却涌跃出澄清一切的成分：天才。

“不相信天才，不知天才为何物的人，请看一看米开朗琪罗吧！从没有人这样为天才所拘囚的了。这天才的气质似乎和他的气质完全不同；这是一个征服者投入他的怀中而把他制服了。他的意志简直是一无所能；甚至可说他的精神与他的心也是一无所能。这是一种狂乱的爆发，一种骇人的生命，为他太弱的肉体与灵魂所不能胜任的。

米开朗琪罗素描

米开朗琪罗素描

“他在继续不断的兴奋中过生活。他的过分的力量使他感到痛苦，这痛苦逼迫他行动，不息地行动，一小时也不得休息。”

他写道：“我为了工作而筋疲力尽，从没有一个人像我这样地工作过，我除了夜以继日地工作之外，什么都不想。”

这种病态的需要活动不特使他的业务天天积聚起来，不特使他接受他所不能实行的工作，而且使他堕入偏执的脾性中去。他要雕琢整个的山头。当他要建造什么纪念物时，他会费掉几年的光阴到石厂中去挑选石块，建筑搬运石块的大路；他要成为一切：工程师、手工人、斫石工人；他要独个儿干完一切；建造宫邸、教堂，由他一个人来。这是一种判罚苦役的生活。他甚至不愿分出时间去饮食睡眠。在他信札内，随处看得到同样可怜的语句：

“我几乎没有用餐的时间……我没有时间吃东西……十二年以来，我的肉体被疲倦所毁坏了，我缺乏一切必需品……我没有一个铜子，我是裸体了，我感受无数的痛苦……我在悲惨与痛苦中讨生活……我和患难争斗……”见一五〇七、一五〇九、一五一二、一五一三、一五二五、一五四七诸年信札。

这患难其实是虚幻的。米开朗琪罗是富有的；他拼命使自己富有，十分富有。他死后，人家在他罗马寓所发现他的藏金有七千至八千金币，约合今日四十或五十万法郎。史家瓦萨里说他两次给他的侄儿七千小金元，给他的侍役乌尔比诺二千小金元。他在翡冷翠亦有大批存款。一五三四年时，他在翡冷翠及附近各地置有房产六处，田产七处。他酷爱田地。一五〇五、一五〇六、一五一二、一五一五、一五一七、一五一八、一五一九、一五二〇各年他购置不少田地。这是他乡下人的遗传性。然而他的储蓄与置产并非为了他自己，而是为别人花去，他自己却什么都不舍得享用。但富有对于他有何用处？他如一个穷人一样生活，被劳作束缚着好似一匹马被磨轮的轴子系住一般。没有人会懂得他如此自苦的原因。没有人能懂得他为何不能自主地使自己受苦，也没有人能懂得他的自苦对于他实是一种需要。就是脾气和他极相似的父亲也埋怨他：

“你的弟弟告诉我，你生活得十分节省，甚至节省到悲惨的程度：节省是好的；但悲惨是坏的；这是使神和人都为之不悦的恶行；它会妨害你的灵魂与肉体。只要你还年轻，这还可以；但当你渐渐衰老的时光，这悲惨的坏生活所能产生的疾病与残废，全都会显现。应当避免悲惨，中庸地生活，当心不要缺乏必需的营养，留意自己不要劳作过度……”这封信后面又加上若干指导卫生的话，足见当时的野蛮程度：“第一，保护你的头，到它保有相当的温暖，但不要洗：你应当把它揩拭，但不要洗。”（一五〇〇年十二月十九日信）

但什么劝告也不起影响。他从不肯把自己的生活安排得更合人性些。他只以极少的面包与酒来支持他的生命。他只睡几小时。当他在博洛尼亚进行尤利乌斯二世的铜像时，他和他的三个助手睡在一张床上，因为他只有一张床而又不愿添置。见一五〇六年信。他睡时衣服也不脱，皮靴也不卸。有一次，腿肿起来了，他不得不割

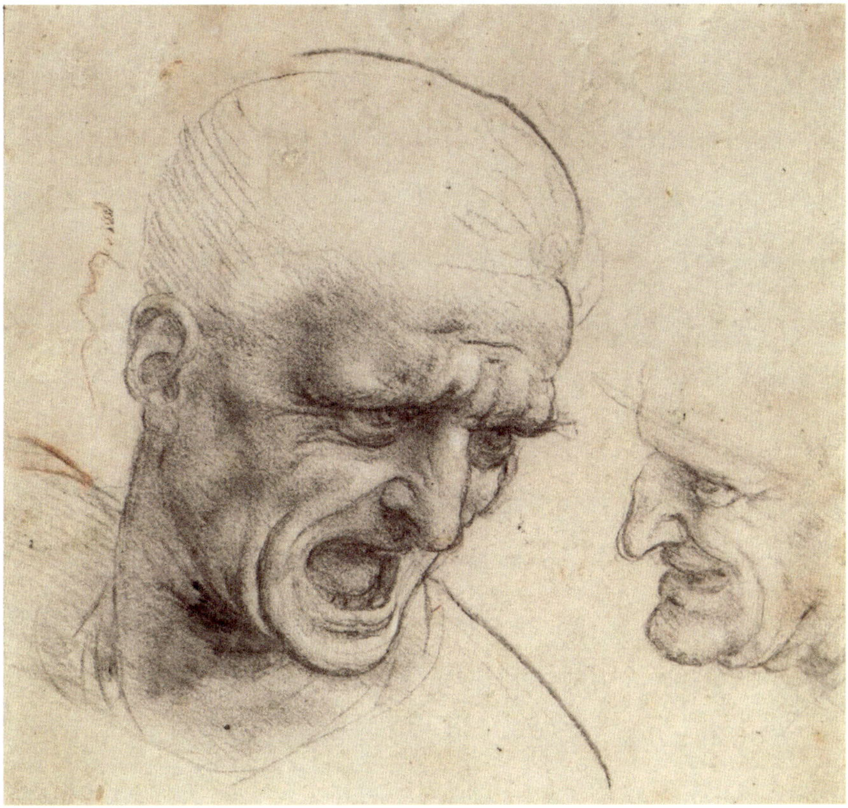

米开朗琪罗素描

破靴子；在脱下靴子的时候，腿皮也随着剥下来了。

这种骇人的卫生，果如他的父亲所预料，使他老是患病。在他的信札中，人们可以看出他生过十四或十五次大病。一五一七年九月，在他从事于圣洛伦佐的坟墓雕塑与《米涅瓦基督》的时候，他病得几乎死去。一五一八年九月，在塞拉韦扎石厂中，他因疲劳过度与烦闷而病了。一五二〇年拉斐尔逝世的时候，他又病倒了。

一五二一年年终，一个友人利奥那多·塞拉约祝贺他："居然从一场很少人能逃过的痛症中痊愈了。"一五三一年六月，翡冷翠城陷落后，他失眠，饮食不进，头和心都病了；这情景一直延长到年终；他的朋友们以为他是没有希望的了。一五三九年，他从西斯廷教堂的高架上堕下，跌破了腿。一五四四年六月，他患了一场极重的热病。一五四五年十二月至一五四六年正月，他旧病复发，使他的身体极度衰弱。一五四九年三月，他为石淋症磨难极苦。一五五五年七月，他患风痛。一五五九年七月，他又患石淋与其他种种疾病：他衰弱得厉害。一五六一年八月，他"晕倒了，四肢拘挛着"。他好几次发热，几乎要死去。他眼睛有病，牙齿有病，头痛，心病。见他的诗集卷八十二。他常为神经痛所苦，尤其当他睡眠的时候；睡眠对于他竟是一种苦楚。他很早便老了。四十二岁，他已感到衰老。一五一七年七月致多梅尼科·博宁塞尼书。四十八岁时，他说他工作一天必得要休息四天。一五二三年七月致巴尔特·安吉奥利尼书。他又固执着不肯请任何医生诊治。

他的精神所受到这苦役生活的影响，比他的肉体更甚。悲观主义侵蚀他。这于他是一种遗传病。青年时，他费尽心机去安慰他的父亲，因为他有时为狂乱的苦痛纠缠着。在他致父亲的信中，时时说："你不要自苦……"（一五〇九年春）——"你在这种悲痛的情操中生活真使我非常难过；我祈求你不要再去想这个了。"（一五〇九年正月二十七日）——"你不要惊惶，不要愁苦。"

（一五〇九年九月十五日）他的父亲博纳罗托和他一样时时要发神经病。一五二一年，他突然从他自己家里逃出来，大声疾呼他的儿子把他赶出了。可是米开朗琪罗的病比他所照顾的人感染更深。这没有休止的活动，累人的疲劳，使他多疑的精神陷入种种迷乱状态。他猜疑他的敌人，他猜疑他的朋友。“在完满的友谊中，往往藏着毁损名誉与生命的阴谋。”（见他致他的朋友卢伊吉·德尔·里乔——把他从一五四六年那场重病中救出来的朋友——的十四行诗）参看一五六一年十一月十五日，他的忠实的朋友卡瓦列里为他褊枉的猜忌之后给他的声辩信：“我敢确言我从没得罪过你；但你太轻信那般你最不应该相信的人……”他猜疑他的家族、他的兄弟、他的嗣子；他猜疑他们不耐烦地等待他的死。

一切使他不安；“我在继续的不信任中过生活……不要相信任何人，张开了眼睛睡觉……”他的家族也嘲笑这永远的不安。一五一五年九月与十月致他的兄弟博纳罗托信中有言：“……不要嘲笑我所写的一切……一个人不应当嘲笑任何人；在这个时代，为了他的肉体与灵魂而在恐惧与不安中过活是并无害处的……在一切时代，不安是好的……”他如自己所说的一般，在“一种悲哀的或竟是癫狂的状态”中过生活。在他的信中，他常自称为“忧愁的与疯狂的人”“老悖”“疯子与恶人”。——但他为这疯狂辩白，说道只对于他个人有影响。痛苦久了，他竟嗜好有痛苦，他在其中觅得一种悲苦的乐趣：

“愈使我受苦的我愈欢喜。”诗集卷一百五十二。

对于他，一切都成为痛苦的题目——甚至爱，十四行诗卷一百九十第四十八首：“些少的幸福对于恋爱中人是一种丰满的享乐，但它会使欲念绝灭，不若灾患会使希望长大。”甚至善。“一切事物使我悲哀，”他写道，“……即使是善，因为它存在的时间太短了，故给予我心灵的苦楚不减于恶。”

“我的欢乐是悲哀。”诗集卷八十一。

没有一个人比他更不接近欢乐而更倾向于痛苦的了。他在无垠的宇宙中所见到的所感到的只有它。世界上全部的悲观主义都包含在这绝望的呼声，这极端褊枉的语句中。

“千万的欢乐不值一单独的苦恼！……”诗集卷七十四。

“他的猛烈的力量，”孔迪维[①]说，“把他和人群几乎完全隔离了。”

他是孤独的。——他恨人；他亦被人恨。他爱人；他不被人爱。人们对他又是钦佩，又是畏惧。晚年，他令人发生一种宗教般的尊敬。他威临着他的时代。那时，他稍微镇静了些。他从高处看人，人们从低处看他。他从没有休息，也从没有最微贱的生灵所享受的温柔——即在一生能有一分钟的时间在别人的爱抚中睡眠。妇人的

① 孔迪维（？—1574），意大利画家、雕塑家和作家。米开朗琪罗的学生和好友。1553年出版了《米开朗琪罗传记》。

爱情于他是无缘的。在这荒漠的天空，只有维多利亚·科隆娜[①]的冷静而纯洁的友谊，如明星一般照耀了一刹那。周围尽是黑夜，他的思想如流星一般在黑暗中剧烈旋转，他的意念与幻梦在其中回荡。贝多芬却从没有这种情境。因为这黑夜即在米开朗琪罗自己的心中。贝多芬的忧郁是人类的过失；他天性是快乐的，他希望快乐。米开朗琪罗却是内心忧郁，这忧郁令人害怕，一切的人本能地逃避他。他在周围造成一片空虚。

这还算不得什么。最坏的并非成为孤独，却是对自己亦孤独了，和自己也不能生活，不能为自己的主宰，而且否认自己，与自己斗争，毁坏自己。他的心魂永远在欺妄他的天才。人们时常说起他有一种“反对自己”的宿命，使他不能实现他任何伟大的计划。这宿命便是他自己。他的不幸的关键足以解释他一生的悲剧——而为人们所最少看到或不敢去看的关键——只是缺乏意志和赋性懦怯。

在艺术上、政治上，在他一切行动和一切思想上，他都是优柔寡断的。在两件作品、两项计划、两个部分中间，他不能选择。关于尤利乌斯二世的纪念建筑、圣洛伦佐的屋面、梅迪契的墓等的历史都足以证明他这种犹豫。他开始，开始，却不能有何结果。他要，他又不要。他才选定，他已开始怀疑。在他生命终了的时光，他什么也没有完成：他厌弃一切。人家说他的工作是强迫的；人家把朝三暮四、计划无定之责，加在他的委托人身上。其实如果他决定拒

① 维多利亚·科隆娜（1492—1547），意大利女诗人。

绝的话，他的主使人正无法强迫他呢。可是他不敢拒绝。

他是弱者。他在种种方面都是弱者，为了德行和为了胆怯。他是心地怯弱的。他为种种思虑而苦闷，在一个性格坚强的人，这一切思虑全都可以丢开的。因为他把责任心夸大之故，便自以为不得不去干那最平庸的工作，为任何匠人可以比他做得更好的工作。他雕塑圣洛伦佐的墓像时，在塞拉韦扎石厂中过了几年。他既不能履行他的义务，也不能把它忘掉。他一五一四年承受下来的米涅瓦寺中的基督像，到一五一八年还未动工。“我痛苦死了……我做了如窃贼一般的行为……”一五〇一年，他和锡耶纳的皮科洛米尼寺签订契约，订明三年以后交出作品。可是六十年后，一五六一年，他还为了没有履行契约而苦恼。

他为了谨慎与恐惧而变得怯弱。为尤利乌斯二世所称为“可怕的人”，同样可被瓦萨里称作“谨慎者”——“使任何人，甚至使教皇也害怕的”人会害怕一切。塞巴斯蒂阿诺·德尔·皮翁博①信中语。（一五二〇年十月二十七日）他在亲王权贵面前是怯弱的——可是他又最瞧不起在亲王权贵面前显得怯弱的人，他把他们叫作“亲王们的荷重的驴子”。和瓦萨里谈话时所言。——他要躲避教皇；他却留着，他服从教皇。一五三四年，他要逃避教皇保罗三世，结果仍是听凭工作把他系住。他容忍他的主人们的蛮横无理的信，他恭敬地答复他们。一五一八年二月二日，大主教尤利乌斯·梅迪契猜疑

① 皮翁博（1485—1547），意大利威尼斯派画家。

皮翁博：《巡访》

他被卡拉伊人收买，送一封措辞严厉的信给他。米开朗琪罗屈服地接受了，回信中说他“在世界上除了专心取悦他以外，再没有别的事务了”。有时，他反抗起来，他骄傲地说话；——但他永远让步。直到死，他努力挣扎，可没有力量奋斗。教皇克雷芒七世——和一般的意见相反——在所有的教皇中是对他最慈和的人，他认识他的弱点；他也怜悯他。参看在翡冷翠陷落之后，他和塞巴斯蒂阿诺·德尔·皮翁博的通信。他为了他的健康为了他的苦闷抱着不安。

他的全部的尊严会在爱情面前丧失。他在坏蛋面前显得十分卑怯。他把一个可爱的但是平庸的人，如托马索·卡瓦列里当作一个了不得的天才。“……我不能和你相比。你在一切学问方面是独一无二的。”（一五三三年正月一日米开朗琪罗致托马索·卡瓦列里[①]书）他们的友谊一直保持到米氏离世。

至少，爱情使他这些弱点显得动人。当他为了恐惧之故而显得怯弱时，这怯弱只是——人们不敢说是可耻的——痛苦得可怜的表现。他突然陷入神志错乱的恐怖中。于是他逃了，他被恐怖逼得在意大利各处奔窜。1494 年，为了某种幻象，吓得逃出翡冷翠。1529 年，翡冷翠被围，负有守城之责的他，又逃亡了。他一直逃到威尼斯。几乎要逃到法国去。以后他对于这件事情觉得可耻，他重新回到被围的城里，尽他的责任，直到围城终了。但当翡冷翠陷落，严行流戍放逐，雷厉风行之时，他又是多么怯弱而发抖！他甚至去

① 卡瓦列里，意大利贵族，米氏挚友之一。

恭维法官瓦洛里，那个把他的朋友、高贵的巴蒂斯塔·德拉·帕拉处死的法官。可怜啊！他甚至弃绝他的友人，翡冷翠的流戍者。“……一向我留神着不和被判流戍的人谈话，不和他们有何来往；将来我将更加留意……我不和任何人谈话，尤其是翡冷翠人。如果有人在路上向我行礼，在理我不得不友善地和他们招呼，但我竟不理睬。如果我知道谁是流戍的翡冷翠人，我简直不回答他……”这是他的侄儿通知他被人告发与翡冷翠的流戍者私自交通后，他自罗马发的复信（一五四八年）中语。——更甚于此的，他还做了忘恩负义的事情，他否认他病剧时受过斯特罗齐一家的照拂：“至于人家责备我曾于病中受斯特罗齐家的照拂，那么，我并不认为我是在斯特罗齐家中而是在卢伊吉·德尔·里乔的卧室中，他是和我极友善的。”（卢伊吉·德尔·里乔是在斯特罗齐邸中服役）米开朗琪罗曾在斯特罗齐家中作客是毫无疑义的事，他自己在两年以前即送给罗伯托·斯特罗齐一座《奴隶》（现存法国卢浮宫），表示对于他的盛情的感谢。

他怕。他对于他的恐怖感到极度的羞耻。他瞧不起自己。他憎厌自己以致病倒了。他要死。人家也以为他快死了。那是一五三一年，在翡冷翠陷落后，他屈服于教皇克雷芒七世和谄媚法官瓦洛里之后。

但他不能死。他内心有一种癫狂的求生的力量，这力量每天会苏醒，求生，为的要继续受苦——他如果能不活动呢？但他不能如此。他不能不有所行动。他行动。他应得要行动——他自己行动

《被缚的奴隶》

《垂死的奴隶》

么？——他是被动！他是卷入他的癫痫的热情与矛盾中，好似但丁的狱囚一般。

他应得要受苦啊！

“使我苦恼吧！苦恼！在我过去，没有一天是属于我的！”诗集卷四十九。（一五三二年）

他向神发出这绝望的呼号：

“神哟！神哟！谁还能比我自己更透入我自己？”诗集卷六。（一五〇四年至一五一一年）

如果他渴望死，那是因为他认为死是这可怕的奴隶生活的终极之故。他讲起已死的人时真是多么艳羡！

“你们不必再恐惧生命的嬗变和欲念的转换……后来的时间不再对你们有何强暴的行为了；必须与偶然不再驱使你们……言念及此，能不令我艳羡？”诗集卷五十八。（一五三四年纪念他父亲之死的作品）

“死！不再存在！不再是自己！逃出万物的桎梏！逃出自己的幻想！”

“啊！使我，使我不再回复我自己！”诗集卷一百三十五。

他的烦躁的目光还在京都博物馆中注视我们，在痛苦的脸上，我更听到这悲怆的呼声。以下的描写根据米开朗琪罗的各个不同的肖像。弗朗切斯科·拉卡瓦晚近发现《最后之审判》中有他自己的画像，四百年来，多少人在他面前走过而没有看见他。但一经见到，便永远忘不了。

他是中等的身材，肩头很宽，骨骼与肌肉突出很厉害。因为劳作过度，身体变了形，走路时，头往上仰着，背伛偻着，腹部突向前面。这便是画家弗朗西斯科·特·奥兰达[①]的肖像中的形象：那是站立着的侧影，穿着黑衣服；肩上披着一件罗马式大氅；头上缠着布巾；布巾之上覆着一顶软帽。一五六四年，人们把他的遗骸自罗马运回到翡冷翠去的时候，曾经重开他的棺龛，那时头上便戴着这种软帽。

头颅是圆的，额角是方的，满着皱痕，显得十分宽大。黑色的头发乱蓬蓬地虬结着。眼睛很小，又悲哀，又强烈，光彩时时在变化，或是黄的或是蓝的。鼻子很宽很直，中间隆起，曾被托里贾尼[②]的拳头击破。这是一四九〇年至一四九二年间事。从鼻孔到口角有很深的皱痕，嘴巴生得很细腻，下唇稍稍前突，鬓毛稀薄，牧神般的胡须簇拥着两片颧骨前突的面颊。

全部面相上笼罩着悲哀与犹豫的神情，这确是诗人塔索[③]时代的面目，表现着不安的、被怀疑所侵蚀的痕迹。凄惨的目光引起人们的同情。

① 弗朗西斯科·特·奥兰达（1517—1584），葡萄牙微型画画家和作家。

② 托里贾尼（1472—1528），佛罗伦萨派雕刻家和画家。1511 年移居英国后，成为英国第一个意大利文艺复兴风格的倡导者。

③ 塔索（1544—1595），意大利文艺复兴后期最伟大的诗人。

同情，我们不要和他斤斤较量了吧。他一生所希望而没有获到的这爱情，我们给了他吧。他尝到一个人可能受到的一切苦难。他目击他的故乡沦陷。他目击意大利沦于野蛮民族之手。他目击自由之消灭。他眼见他所爱的人一个一个地逝世。他眼见艺术上的光明，一颗一颗地熄灭。

在这黑夜将临的时光，他孤独地留在最后。在死的门前，当他回首瞻望的时候，他不能说他已做了他所应做与能做的事以自安慰。他的一生于他显得是白费的。一生没有欢乐也是徒然。他也徒然把他的一生为艺术的偶像牺牲了。“……热情的幻梦，使我把艺术当作一个偶像与一个王国……”（诗集卷一百四十七）

没有一天快乐，没有一天享受到真正的人生，九十年间的巨大的劳作，竟不能实现他梦想的计划于万一。他认为最重要的作品没有一件是完成的。命运嘲弄他，使这位雕塑家有始有终地完成的事业，只是他所不愿意的绘画。他自称为“雕塑家”而非“画家”。一五〇八年三月十日他写道：“今日，我雕塑家米开朗琪罗，开始西斯廷教堂的绘画。”——“这全不是我的事业，”一年以后他又写道，“……我毫无益处地费掉我的时间。”（一五〇九年正月二十七日）关于这个见解，他从没变更。在那些使他骄傲使他苦恼的大工程中，有些——如《比萨之战》的图稿、尤利乌斯二世的铜像——在他生时便毁掉了，有些——尤利乌斯二世的坟墓，梅迪契的家庙——是可怜地流产了：现在我们所看到的只是他的思想的速写而已。

雕塑家吉贝尔蒂[1]在他的注解中讲述一桩故事，说德国安永公爵的一个镂银匠，具有可和“希腊古雕塑家相匹敌”的手腕，暮年时眼见他灌注全生命的一件作品毁掉了。——“于是他看到他的一切疲劳都是枉费；他跪着喊道：‘哟，吾主，天地的主宰，不要再使我迷失，不要让我再去跟从除你以外的人；可怜我吧！’立刻，他把所有的财产分给了穷人，退隐到深山中去，死了……”

如这个可怜的德国镂银家一样，米开朗琪罗到了暮年，悲苦地看着他的一生，他的努力都是枉费，他的作品未完的未完、毁掉的毁掉。

于是，他告退了。文艺复兴睥睨一切的光芒，宇宙的自由的至高至上的心魂，和他一起遁入“这神明的爱情中，他在十字架上张开着臂抱迎接我们”。

“颂赞欢乐”的丰满的呼声，没有嘶喊出来。于他直到最后的一呼吸永远是“痛苦的颂赞”“解放一切的死的颂赞”。他整个地战败了。

这便是世界的战胜者之一。我们，享受他的天才的结晶品时，和享受我们祖先的功绩一般，再也想不起他所流的鲜血。

我愿把这血洒在大家眼前，我愿举起英雄们的红旗在我们的头上飘扬。

---

① 吉贝尔蒂（1378—1455），意大利文艺复兴初期佛罗伦萨青铜雕刻家。

上篇·战斗

一、力

1475年3月6日，他生于卡森蒂诺地方的卡普雷塞。荒确的乡土，“飘逸的空气”，米开朗琪罗欢喜说他的天才是由于他的故乡的“飘逸的空气”所赐。岩石，桐树，远处是亚平宁山。不远的地方，便是阿西西的圣方济各在阿尔佛尼阿山头看见基督显灵的所在。

父亲是卡普雷塞与丘西地方的法官。他的名字叫作洛多维科·迪·利奥那多·博纳罗托·西莫内——他们一家真正的姓字是西莫内。这是一个暴烈的、烦躁的、“怕上帝”的人。母亲弗朗西斯卡·迪·奈丽·迪·米尼阿托·德尔·塞拉在米开朗琪罗六岁时便死了。父亲在一四八五年续娶卢克蕾齐亚·乌巴尔迪妮，她死于一四九七年。他们共是弟兄五人：利奥那多、米开朗琪罗、博纳罗托、乔凡·西莫内、西吉斯蒙多。利奥那多生于一四七三年，博纳罗托生于一四七七年，乔凡·西莫内生于一四七九年，西吉斯蒙多生于一四八一年。利奥那多做了教士。因此米开朗琪罗成为长子了。

他幼时寄养在一个石匠的妻子家里。以后他把做雕塑家的志愿好玩地说是由于这幼年的乳。人家把他送入学校：他只用功素描。“为了这，他被他的父亲与伯叔瞧不起，而且有时打得很凶，他们都恨艺术家这职业，似乎在他们的家庭中出一个艺术家是可羞的。”据孔迪维记载。因此，他自幼便认识人生的残暴与精神的孤独。

可是他的固执战胜了父亲的固执。十三岁时，他进入多梅尼科·吉兰达约[①]的画室——那是当代佛罗伦萨画家中最大最健全的一个。他初时的成绩非常优异，据说甚至令他的老师也嫉妒起来。实在，一个那样大的艺术家曾对他的学生嫉妒是很难令人置信的。我不信这是米开朗琪罗离开吉兰达约的原因。他到暮年还保存着对于他的第一个老师的尊敬。一年之后他们分手了。

他已开始憎厌绘画。他企慕一种更英雄的艺术。他转入雕塑学校。那个学校是洛伦佐·特·梅迪契所主办的，设在圣马可花园内。这个学校由多那太罗的学生贝尔托尔多所主持。那亲王很赏识他：叫他住在宫邸中，允许他和他的儿子们同席；童年的米开朗琪罗一

① 吉兰达约（1449—1494），文艺复兴早期佛罗伦萨重要画家，擅长画富有故事情节和大量人物肖像的层次分明的大型壁画。

马萨乔:《纳税的奇迹》

吉兰达约:《施洗者圣约翰的诞生》

下子便处于意大利文艺复兴运动的中心，处身于古籍之中，沐浴着柏拉图研究的风气。他们的思想，把他感染了，他沉湎于怀古的生活中，心中也存了崇古的信念：他变成一个希腊雕塑家。在“非常钟爱他”的波利齐亚诺①的指导之下，他雕了《半人半马怪与拉庇泰人之战》。**此像现存翡冷翠。《微笑的牧神面具》一作，亦是同时代的，它引起洛伦佐·特·梅迪契对于米开朗琪罗的友谊。《梯旁的圣母》亦是那时所作的浮雕。**

这座骄傲的浮雕，这件完全被力与美统治着的作品，反映出他成熟时期的武士式的心魂与粗犷坚强的手法。

他和洛伦佐·迪·克雷蒂、布贾尔迪尼、格拉纳奇、托里贾诺·德尔·托里贾尼等到卡尔米尼寺中去临摹马萨乔②的壁画。他不能容忍他的同伴们的嘲笑。一天，他和虚荣的托里贾尼冲突起来。托里贾尼一拳把他的脸击破了，后来，他以此自豪：“我紧握着拳头，”他讲给贝韦努托·切里尼③听，“我那么厉害地打在他的鼻子上，我感到他的骨头粉碎了，这样，我给了他一个终身的纪念。”**一四九一年事。**

---

① 波利齐亚诺（1454—1494），意大利诗人，人文主义者，文艺复兴时期古典文学研究先驱之一。

② 马萨乔（1401—1428），翡冷翠画家。将人文主义引入艺术，摆脱了中世纪神权艺术的禁锢，技术上为意大利绘画开辟了新征途。

③ 切里尼（1500—1571），翡冷翠金饰匠和雕刻家。

然而，异教色彩并未抑灭米开朗琪罗的基督教信仰。两个敌对的世界争夺米开朗琪罗的灵魂。

1490年，教士萨伏那洛拉，依据了多明我派的神秘经典《启示录》开始说教。他三十七岁，米开朗琪罗十五岁。他看到这短小羸弱的说教者，充满着热烈的火焰，被神的精神燃烧着，在讲坛上对教皇作猛烈的攻击，向全意大利宣扬神的威权。翡冷翠人心动摇。大家在街上乱窜，哭着喊着如疯子一般。最富的市民如鲁切拉伊、萨尔维亚蒂、阿尔比齐、斯特罗齐辈都要求加入教派。博学之士、哲学家也承认他有理。那时的学者皮克·德拉·米兰多莱和波利齐亚诺等都表示屈服于萨伏那洛拉的教义。不久之后，他们都死了（一四九四年）。波利齐亚诺遗言死后要葬在多明我派的圣马可寺中，即萨伏那洛拉的寺院。皮克·德拉·米兰多莱死时特地穿着多明我派教士的衣装。米开朗琪罗的哥哥利奥那多便入了多明我派修道。一四九一年事。

米开朗琪罗也没有免掉这惊惶的传染。萨伏那洛拉自称为预言者，他说法兰西王查理八世将是神的代表，这时候，米开朗琪罗不禁害怕起来。

他的一个朋友，诗人兼音乐家卡尔迪耶雷有一夜看见洛伦佐·特·梅迪契的黑影在他面前显现，穿着褴褛的衣衫身体半裸着；死者命他预告他的儿子彼得，说他将要被逐出他的国土，永远不得回转。洛伦佐·特·梅迪契死于一四九二年四月八日；他的儿子彼得承袭了他的爵位。米开朗琪罗离开了爵邸，回到父亲那里，若干时内没有事做。以后，彼得又叫他去任事，委托他选购浮雕与凹雕的细石。于是他雕成巨大的白石像《力行者》，最初放在斯特罗齐宫中，一五二九年被法兰西王弗朗西斯一世购藏于枫丹白露，但在十七世纪时便不见了。放在圣灵修院的十字架木雕亦是此时之作，为这件作品，米开朗琪罗用尸身研究解剖学，研究得那么用功，以致病倒了（一四九四年）。卡尔迪耶雷把这幕幻象告诉了米开朗琪罗，米氏劝他去告诉亲王；但卡尔迪耶雷畏惧彼得，绝对不敢。一个早上，他又来找米开朗琪罗，惊悸万分地告诉他说，死者又出现了：他甚至穿了特别的衣装，卡尔迪耶雷睡在床上，静默地注视着，死人的幽灵便来把他批颊，责罚他没有听从他。米开朗琪罗大大地埋怨他，逼他立刻步行到梅迪契别墅。半路上，卡尔迪耶雷遇到了彼得：他就讲给他听。彼得大笑，喊马弁把他打开。亲王的秘书别纳和他说："你是一个疯子。你想洛伦佐爱哪一个呢？爱他的儿子呢还是爱你？"卡尔迪耶雷遭了侮辱与嘲笑，回到翡冷翠，把他倒霉的情形告知米开朗琪罗，并把翡冷翠定要逢到大灾难的话说服了米开朗琪罗，两天之后，米开朗琪罗逃走了。据孔迪维的记载：米开朗琪罗于一四九四年十月逃亡。一个月之后，彼得·特·梅迪契因为群众反叛也逃跑了；平民政府便在翡冷翠建立，萨伏那洛拉力予赞助，预言翡冷翠将使全世界都变成共和国。但这共和国将承认一个国王，便是耶稣基督。

《醉的酒神》

这是米开朗琪罗第一次为迷信而大发神经病，他一生，这类事情不知发生了多少次，虽然他自己也觉得可羞，但他竟无法克制。

他一直逃到威尼斯。

他一逃出翡冷翠，他的骚乱就静了下来。——回到博洛尼亚，过了冬天，他把预言者和预言全都忘掉了。在那里他住在高贵的乔凡尼·弗朗切斯科·阿尔多弗兰迪家里作客。在和博洛尼亚警察当局发生数次的纠葛中，都得到他的不少帮助。这时候他雕了几座宗教神像，但全无宗教意味，只是骄傲的力的表现而已。世界的美丽重新使他奋激。他读彼特拉克[①]、薄伽丘和但丁的作品。

1495 年春，他重新路过翡冷翠，正当举行着狂欢节的宗教礼仪，各党派剧烈地争执的时候。但他此刻对于周围的热情变得那么淡漠，且为表示不再相信萨伏那洛拉派的绝对论起见，他雕成著名

① 彼特拉克（1304—1374），意大利诗人，文艺复兴时期人文主义主要代表之一。

的《睡着的爱神》像，在当时被认为是古代风格的作品。在翡冷翠只住了几个月，他便到罗马去。直到萨伏那洛拉死为止，他是艺术家中最倾向于异教精神的一个。他雕《醉的酒神》《垂死的阿多尼斯》和巨大的《爱神》的那一年，萨伏那洛拉正在焚毁他认为“虚妄和邪道”的书籍、饰物和艺术品。**米开朗琪罗于一四九六年六月到罗马。《醉的酒神》《垂死的阿多尼斯》与《爱神》都是一四九七年的作品**。他的哥哥利奥那多为了他信仰预言之故被告发了。一切的危险集中于萨伏那洛拉的头上：米开朗琪罗却并不回到翡冷翠去营救他。萨伏那洛拉被焚死了：米开朗琪罗一声也不响。**时在一四九八年五月二十三日**。在他的信中，找不出这些事变的任何痕迹。

米开朗琪罗一声也不响；但他雕成了《哀悼基督》：

永生了一般的年轻，死了的基督躺在圣母的膝上，似乎睡熟了。他们的线条饶有希腊风的严肃。但其中已混杂着一种不可言状的哀愁情调；这些美丽的躯体已沉浸在凄凉的氛围中。悲哀已占据了米开朗琪罗的心魂。**据米开朗琪罗与孔迪维的谈话，可见他所雕的圣母所以那么年轻，所以和多那太罗、波提切利辈的圣母绝然不同，是另有一种骑士式的神秘主义为背景的。**

使他变得阴沉的，还不单是当时的忧患和罪恶的境象。一种专暴的力进入他的内心再也不放松他了。他为天才的狂乱所扼制，至死不使他呼一口气，并无什么胜利的幻梦，他却赌咒要战胜，为了

《哀悼基督》

《哀悼基督》局部

《哀悼基督》局部

他的光荣和为他家属的光荣。他的家庭的全部负担压在他一个人肩上。他们向他要钱。他没有钱，但那么骄傲，从不肯拒绝他们：他可以把自己卖掉，只是为要供应家庭向他要求的金钱。他的健康已经受了影响。营养不佳、时时受寒、居处潮湿、工作过度等开始把他磨蚀。他患着头痛，一面的肋腹发肿。**见他父亲给他的信。（一五〇〇年十二月十九日）**他的父亲责备他的生活方式：他却不以为是他自己的过错。“我所受的一切痛苦，我是为的你们受的”，米开朗琪罗以后在写给父亲的信中说。**见他给父亲的信。（一五〇九年春）**

“……我一切的忧虑，我只因为爱护你们而有的。”**见他给父亲的信。（一五二一年）**

1501年春，他回到翡冷翠。

四十年前，翡冷翠大寺维持会曾委托阿戈斯蒂诺[①]雕一个先知者像，那作品动工了没有多少便中止了。一向没有人敢上手的这块巨大的白石，这次交托给米开朗琪罗了；**一五〇一年八月。——几个月之前，他和弗朗切斯科·皮科洛米尼大主教签订合同，承应为锡耶纳寺塑造装饰用的雕像。这件工作他始终没有做，他一生常常因此而内疚。**硕大无朋的《大卫》，便是缘源于此。

相传：翡冷翠的行政长官皮耶尔·索德里尼（即决定交托米氏

① 阿戈斯蒂诺（1418—1481），意大利文艺复兴初期的雕刻家和建筑家。

《大卫像》

《大卫像》局部特写

《大卫像》局部特写

雕塑的人）去看这座像时，为表示他的高见计，加以若干批评：他认为鼻子太厚了。米开朗琪罗拿了剪刀和一些石粉爬上台架，轻轻地把剪刀动了几下，手中慢慢地散下若干粉屑；但他一些也没有改动鼻子，还是照它老样。于是，他转身向着长官问道：

“现在请看。”

——“现在，”索德里尼说，“它使我更欢喜了些。你把它改得有生气了。”

“于是，米开朗琪罗走下台架，暗暗地好笑。”据瓦萨里[①]记载。

在这件作品中，我们似乎便可看到幽默的轻蔑。这是在休止期间的一种骚动的力。它充满着轻蔑与悲哀。在美术馆的阴沉的墙下，它会感到闷塞。它需要大自然中的空气，如米开朗琪罗所说的一般，它应当“直接受到阳光”。这个像在他的工作室内时，一个雕塑家想使外面的光线更适宜于这件作品，米开朗琪罗和他说：“不必你辛苦，重要的是直接受到阳光。”

1504年1月25日，艺术委员会（其中的委员有菲利比诺·利比[②]、波提切利、佩鲁吉诺[③]与莱奥纳多·达·芬奇等）讨论安置这座巨像的地方。依了米开朗琪罗的请求，人们决定把它立在“诸侯宫邸”的前面。委员会讨论此事的会议录还保存着。这一八七三年

① 瓦萨里（1511—1574），意大利画家、建筑师和作家，以研究意大利文艺复兴时期美术史为最出名。

② 菲利比诺·利比（1406—1469），意大利文艺复兴早期翡冷翠派画家。

③ 佩鲁吉诺（1450—1523），意大利文艺复兴时期画家，拉斐尔之师。

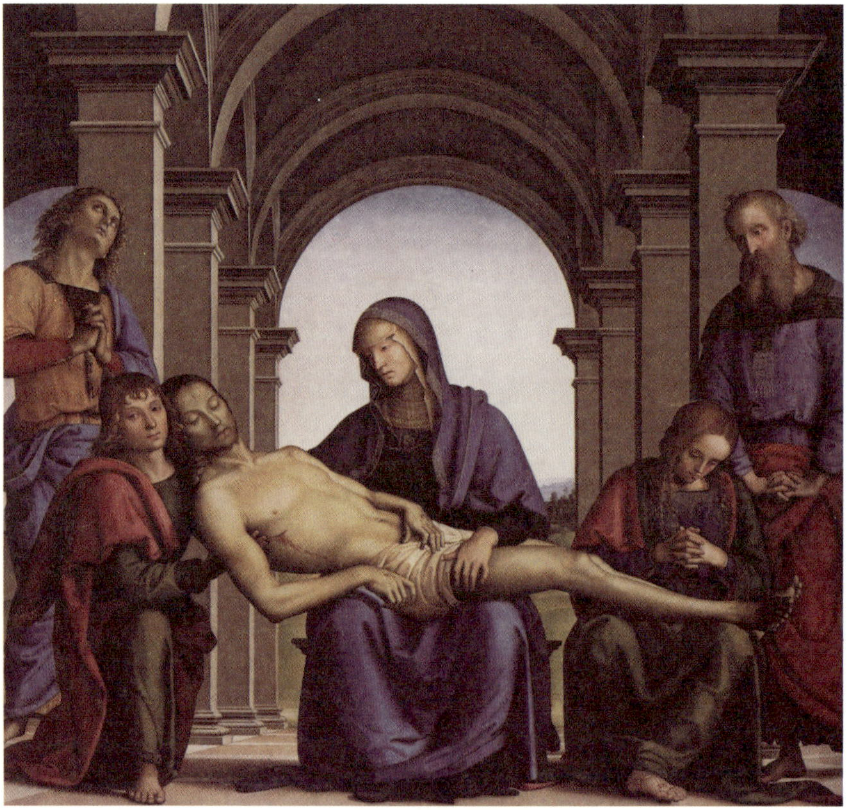

佩鲁吉诺：《圣母哀悼基督》

为止，《大卫》留在当时米开朗琪罗所指定的地位，在诸侯宫邸前面。以后，人们把它移到翡冷翠美术学士院的一个特别的园亭中，因为那时代这像已被风雨侵蚀到令人担忧的程度。翡冷翠艺术协会同时提议作一个白石的摹本放在诸侯宫邸前的原位上。搬运的工程交托大寺的建筑家们去办理。5月14日傍晚，人们把《大卫》从临时廊棚下移出来。晚上，市民向巨像投石，要击破它，当局不得不加以严密的保护。巨像慢慢地移动，系得挺直，高处又把它微微吊起，免得在移转时要抵住泥土。从大教堂广场搬到老宫前面一共费了四天光阴。5月18日正午，终于到达了指定的场所。夜间防护的工作仍未稍懈。可是虽然那么周密，某个晚上群众的石子还是终于投中了《大卫》。这一段记载，完全根据当时的历史，详见皮耶特罗·迪·马可·帕伦蒂著《翡冷翠史》。

这便是人家往往认为值得我们作为模范的翡冷翠民族。大卫的圣洁的裸体使翡冷翠人大感局促。一五四五年，人们指责《最后之审判》中的猥亵（因为其中全是裸体的人物）时，写信给他道："仿效翡冷翠人的谦恭吧，把他们身体上可羞的部分用金叶遮掩起来。"

1504年，翡冷翠的诸侯把米开朗琪罗和莱奥纳多·达·芬奇放在敌对的立场上。

两人原不相契。他们都是孤独的，在这一点上，他们应该互相

《最后之审判》

接近了。但他们觉得离开一般的人群固然很远，他们两人却离得更远。两人中更孤独的是莱奥纳多。他那时是五十二岁，长米开朗琪罗二十岁。从三十岁起，他离开了翡冷翠，那里的狂乱与热情使他不耐；他的天性是细腻精密的，微微有些胆怯，他的清明宁静与带着怀疑色彩的智慧，和翡冷翠人的性格都是不相投契的。这享乐主义者，这绝对自由绝对孤独的人，对于他的乡土、宗教、全世界，都极淡漠，他只有在一般思想自由的君主旁边才感到舒服。1499 年，他的保护人卢多维克・勒・莫雷下台了，他不得不离别米兰。1502 年，他投效于切萨尔・博尔吉亚幕下；1503 年，这位亲王在政治上失势了，他又不得不回到翡冷翠。在此，他的讥讽的微笑正和阴沉狂热的米开朗琪罗相遇，而他正激怒他。米开朗琪罗，整个地投入他的热情与信仰之中的人，痛恨他的热情与信仰的一切敌人，而他尤其痛恨毫无热情毫无信仰的人。莱奥纳多愈伟大，米开朗琪罗对他愈怀着敌意；他亦绝不放过表示敌意的机会。

《最后之审判》局部

“莱奥纳多面貌生得非常秀美，举止温文尔雅。有一天他和一个朋友在翡冷翠街上闲步；他穿着一件玫瑰红的外衣，一直垂到膝盖；修剪得很美观的鬈曲的长须在胸前飘荡。在圣三一寺旁，几个中产者在谈话，他们辩论着但丁的一段诗。他们招呼莱奥纳多，请他替他们辨明其中的意义。这时候米开朗琪罗在旁走过。莱奥纳多说：‘米开朗琪罗会解释你们所说的那段诗。’米开朗琪罗以为是有意嘲弄他，冷酷地答道：‘你自己解释吧，你这曾做过一座铜马的模塑（这是隐指莱奥纳多没有完成的弗朗切斯科·斯福尔扎大公的雕像）却不会铸成铜马，而你居然不觉羞耻地就此中止了的人！’——说完，他旋转身走了。莱奥纳多站着，脸红了。米开朗琪罗还以为未足，满怀着要中伤他的念头，喊道：‘而那些混账的米兰人竟会相信你做得了这样的工作！’”一个同时代人的记录。

是这样的两个人，行政长官索德里尼竟把他们安置在一件共同的作品上，即诸侯宫邸中会议厅的装饰画。这是文艺复兴两股最伟大的力的奇特的争斗。1504 年 5 月，莱奥纳多开始他的《安吉亚里之战》的图稿。这战役是翡冷翠人打败米兰人的一仗。这个题目是故意使莱奥纳多难堪的，因为他在米兰有那么多的朋友与保护人。1504 年 8 月，米开朗琪罗受命制作那《卡希纳之战》。亦名《比萨之役》。全个翡冷翠为了他们分成两派。——但是时间把一切都平等了。两件作品全都消灭了。米开朗琪罗的图稿于一五〇五年画到壁上，到了一五一二年梅迪契卷土重来时的暴乱中便毁掉了。这件作品只有从零星的摹本中可窥一斑。至于莱奥纳多的一幅，莱奥纳多自己已经把它毁灭了。他为求技巧完美起见，试用一种油膏，但不能持久；那幅画后来因他灰心而丢弃，到一五五〇年时已不存在了。米开朗琪罗这时代（一五〇一年至一五〇五年）的作品，尚有《圣母》《小耶稣》两座浮雕，现存伦敦皇家美术院和翡冷翠巴尔杰洛博物馆；——《布鲁日圣母》，一五〇六年时被佛兰芒商人购去；——还有现存乌菲齐博物馆的《圣家庭》那幅大水胶画，是米氏最经意最美之作。他的清教徒式的严肃，他的英雄的调子，和莱奥纳多的懒散肉感的艺术极端相反。

《布鲁日圣母》

1505 年 3 月，米开朗琪罗被教皇尤利乌斯二世召赴罗马。从此便开始了他生涯中的英雄的时代。

两个都是强项、伟大的人，当他们不是凶狠地冲突的时候，教

《圣母子》圆浮雕

皇与艺术家生来便是相契的。他们的脑海中涌现着巨大的计划。尤利乌斯二世要令人替他造一个陵墓，和古罗马城相称的。米开朗琪罗为这个骄傲的思念激动得厉害。他怀抱着一个巴比伦式的计划，要造成一座山一般的建筑，上面放着硕大无朋的四十余座雕像。教皇兴奋非凡，派他到卡拉雷地方去，在石厂中斫就一切必需的白石。在山中米开朗琪罗住了八个多月。他完全被一种狂热笼罩住了。“一天他骑马在山中闲逛，他看见一座威临全景的山头：他突然想把它整个地雕起来，成为一个巨大无比的石像，使海中远处的航海家们也能望到……如果他有时间，如果人家答应他，他定会那么做。”据孔迪维记载。

1505 年 12 月，他回到罗马，他所选择的大块白石亦已开始运到，安放在圣彼得广场上，米开朗琪罗所住的桑塔 – 卡泰里纳的后面。“石块堆到那么高大，群众为之惊愕，教皇为之狂喜。”米开朗琪罗埋首工作了。教皇不耐烦地常来看他，“和他谈话，好似父子那般亲热”。为更便于往来起见，他令人在梵蒂冈宫的走廊与米开朗琪罗的寓所中间造了一顶浮桥，使他可以随意在秘密中去看他。

但这种优遇并不如何持久。尤利乌斯二世的性格和米开朗琪罗的同样无恒。他一会儿热心某个计划，一会儿又热心另一个决然不同的计划。另一个计划于他显得更能使他的荣名垂久：他要重建圣彼得大寺。是米开朗琪罗的敌人们怂恿他倾向于这新事业的，那些敌人数不在少，而且都是强有力的。他们中间的首领是一个天才与米开朗琪罗相仿而意志更坚强的人物：布拉曼特[①]，他是教皇的建筑家，拉斐尔的朋友。在两个理智坚强的翁布里亚伟人与一个天才犷野的翡冷翠人中间，毫无同情心可言。但他们所以决心要打倒他，至少是布拉曼特有此决心。至于拉斐尔，他和布拉曼特交情太密了，不得不和他采取一致行动，但说拉斐尔个人反对米开朗琪罗却并无实据。只是米开朗琪罗确言他也加入阴谋：“我和教皇尤利乌斯所发生的争执全是布拉曼特与拉斐尔嫉妒的结果：他们设法要压倒我；实在，拉斐尔也是主动的人，因为他在艺术上所知道的，都是从我这里学去的。”（一五四二年十月米氏给一个不可考的人的信）无疑是因为他曾向他们挑战之故。米开朗琪罗毫无顾忌地指责布拉曼特，说他在工程中舞弊。孔迪维因为他对于米开朗琪罗的盲目的友谊，也猜疑着说：“布拉曼特被逼着去损害米开朗琪罗，第一是因为嫉妒，第二是因为他怕米开朗琪罗对他的判断，他是知道他的过失的人。大家知道，布拉曼特极爱享乐，挥霍无度。不论他在教皇那边的薪给是如何高，他总不够花，于是他设法在工程方面舞弊，用劣等的材料筑墙，于坚固方面是不够的。这情形，大家可以在他所主持的圣彼得建筑中鉴别出来……近来好些地方都在重修，因为已在下沉或将要下沉。”那时布拉曼特便决意要剪除他。

他使他在教皇那边失宠。他利用尤利乌斯二世的迷信，在他面

① 布拉曼特（约 1444—1514），意大利文艺复兴时期的建筑师。

前说据普通的观念，生前建造陵墓是大不祥的。他居然使教皇对于米开朗琪罗的计划冷淡下来，而乘机献上他自己的计划。1506 年 1 月，尤利乌斯二世决定重建圣彼得大寺。陵墓的事情搁置了，米开朗琪罗不独被压倒了，而且为了他在作品方面所花的钱负了不少债务。“当教皇转变了念头，而运货船仍从卡拉雷地方把石块运到时，我不得不自己来付钱。同时我从翡冷翠雇来的斫石匠们也到了罗马；正当我在教皇支配给我的屋子中安排他们的住处与用具时，我的钱花完了，我处于极大的窘境中……”（前引一五四二年十月的信）他悲苦地怨艾。教皇不再见他了；他为了工程的事情去求见时，尤利乌斯二世教他的马弁把他逐出梵蒂冈宫。

目击这幕情景的卢克奎主教，和马弁说：

“你难道不认识他吗？”

马弁向米开朗琪罗说：

“请原谅我，先生，但我奉命而行，不得不如此。”

米开朗琪罗回去上书教皇：

“圣父，今天早上我由你圣下的意旨被逐出宫。我通知你自今日起，如果你有何役使，你可以叫人到罗马以外的任何区处找我。”

他把信寄发了，喊着住在他家里的一个石商和一个石匠，和他们说：

“去觅一个犹太人，把我家里的一切全卖给他，以后再到翡冷翠来。”

于是他上马出发。一五〇六年四月十七日。教皇接到了信，派了五个骑兵去追他，晚上十一点钟时在波吉邦西地方追上了，交给他一道命令："接到此令，立刻回转罗马，否则将有严厉处分。"米开朗琪罗回答，他可以回来，如果教皇履行他的诺言；否则，尤利乌斯二世永远不必希望再看到他。这一切叙述都是引上述的一五四二年十月一信原文。

他把一首十四行诗（有人把这首十四行诗认为是一五一一年作的，但我仍以为放在这个时期较为适当）寄给教皇：

"吾主，如果俗谚是对的，那真所谓'非不能也，是不欲也'。你相信了那些谎话与谗言，对于真理的敌人，你却给他酬报。至于我，我是，我曾是你的忠实的老仆，我的皈依于你好比光芒之于太阳；而我所费掉的时间并不使你感动！我愈劳苦，你愈不爱我。我曾希望靠了你的伟大而伟大，曾希望你的公正的度量与威严的宝剑将是我唯一的裁判人，而非听从了谎骗的回声。但上天把德行降到世上之后，老是把它作弄，仿佛德行只在一棵枯索的树（隐喻尤利乌斯二世系族的旗号上的图案）上企待果实。"

尤利乌斯二世的侮慢，还不止是促成米开朗琪罗的逃亡的唯一的原因。在一封给朱利阿诺·达·桑迦罗[①]的信中，他透露出布拉曼特要暗杀他的消息。"这还不是使我动身的唯一的原因；还有别的

① 朱利阿诺·达·桑迦罗（1445—1516），意大利文艺复兴时期的建筑师、雕刻家和军事工程师。

事情，为我不愿讲述的。此刻只需说我想如果我留在罗马，这城将成为我的坟墓，而不是教皇的坟墓了。这是我突然离开的主因。”

米开朗琪罗走了，布拉曼特成为唯一的主宰。他的敌手逃亡的翌日，他举行圣彼得大寺的奠基礼。一五〇六年四月十八日。他的深切的仇恨集中于米开朗琪罗的作品上，他要安排得使米氏的事业永远不能恢复。他令群众把圣彼得广场上的工场，堆着建造尤利乌斯二世陵墓的石块的区处，抢劫一空。见一五四二年十月信。

可是，教皇为了他的雕塑家的反抗大为震怒，接连下敕令到翡冷翠的诸侯那里，因为米开朗琪罗躲避在翡冷翠。诸侯教米开朗琪罗去，和他说：“你和教皇捣蛋，即使是法兰西王也不敢那么做。我们不愿为了你而和他轻启争端：因此你当回罗马去；我们将给你必要的信札，说一切对于你的无理将无异是对于我们的无理。”见一五四二年十月信。

米开朗琪罗固执着。他提出条件。他要尤利乌斯二世让他建造他的陵寝，并且不在罗马而在翡冷翠工作。当尤利乌斯二世出征佩鲁贾与博洛尼亚的时候，一五〇六年八月终。他的敕令愈来愈严厉了，米开朗琪罗想起到土耳其，那边的苏丹曾托方济各派教士转请他去造一座佩拉地方的桥。孔迪维记载——一五〇四年，米开朗琪罗已有到土耳其去的念头。一五一九年，他和安德里诺普莱诸侯来往，他要他去替他作画。我们知道莱奥纳多·达·芬奇也曾有过到土耳其去的意念。

终于他不得不让步了。1506 年 11 月杪，他委屈地往博洛尼亚去，那时尤利乌斯二世正攻陷了城，以征服者资格进入博洛尼亚城。

“一个早上，米开朗琪罗到桑佩特罗尼奥寺去参与弥撒礼。教皇的马弁瞥见他，给认出了，把他引到尤利乌斯二世前面，他正在斯埃伊泽宫内用餐。教皇发怒着和他说：‘是你应当到罗马去晋谒我们的；而你竟等我们到博洛尼亚来访问你！’——米开朗琪罗跪下，高声请求宽赦，说他的行动并非由于恶意而是因为被逐之后愤怒之故。教皇坐着，头微俯着，脸上满布着怒气。一个翡冷翠诸侯府派来为米开朗琪罗说情的主教上前说道：‘务望圣下不要把他的蠢事放在心上；他为了愚昧而犯罪。所有的画家除了艺术之外，在一切事情上都是一样的。’教皇暴怒起来，大声呼喝道：‘你竟和他说即便是我们也不敢和他说的侮辱的话。你才是愚昧的……滚开，见你的鬼吧！’——他留着不走，教皇的侍役上前一阵拳头把他撵走。于是，教皇的怒气在主教身上发泄完了，令米开朗琪罗近前去，宽赦了他。”孔迪维记载。

不幸，为与尤利乌斯二世言和起见，还得依从他任性的脾气；而这专横的意志已重新转变了方向。此刻他已不复提及陵墓问题，却要在博洛尼亚建立一个自己的铜像了。米开朗琪罗虽然竭力声明“他一些也不懂得铸铜的事”，也是无用。他必得学习起来，又是艰苦的工作。他住在一间很坏的屋子里，他、两个助手拉波与洛多维科和一个铸铜匠贝尔纳尔迪诺，三个人只有一张床。十五个月在种种烦恼中度过了。拉波与洛多维科偷盗他，他和他们闹开了。

“拉波这坏蛋，”他写信给他的父亲说，“告诉大家说是他和洛多维科两人做了全部的作品或至少是他们和我合作的。在我没有把他们撵出门外之前，他们脑筋中不知道他们并非主人；直到我把他们逐出时，他们才明白是为我雇用的。如畜生一般，我把他们赶走了。”**一五〇七年二月八日给他父亲的信**。

拉波与洛多维科大为怨望；他们在翡冷翠散布谣言，攻击米开朗琪罗，甚至到他父亲那里强索金钱，说是米开朗琪罗偷他们的。

接着是那铸铜匠显得是一个无用的家伙。

“我本信贝尔纳尔迪诺师父会铸铜的，即使不用火也会铸，我真是多么信任他。”

1507 年 6 月，铸铜的工作失败了。铜像只铸到腰带部分。一切得重新开始。米开朗琪罗到 1508 年 2 月为止，一直在干这件作品。他的健康为之损害了。

“我几乎没有用餐的时间，”他写信给他的兄弟说，“……我在极不舒服极痛苦的情景中生活：除了夜以继日地工作之外，我什么也不想；我曾经受过那样的痛苦，现在又受着这样的磨难，竟使我相信如果再要我作一个像，我的生命将不够了：这是巨人的工作。”**一五〇七年十一月十日给他兄弟的信**。

这样的劳作却获得了可悲的结果。1508 年 2 月在桑佩特罗尼奥寺前建立的尤利乌斯二世像，只有四年的寿命。1511 年 12 月，它被尤利乌斯二世的敌人本蒂沃利党人毁灭了；残余的古铜被阿方斯·特·埃斯特收买去铸大炮。

米开朗琪罗回到罗马。尤利乌斯二世命他做另一件同样意想不到同样艰难的工程。对于这个全不懂得壁画技术的画家，教皇命他去作西斯廷教堂的天顶画。人们可以说他简直在发不可能的命令，而米开朗琪罗居然会执行。

似乎又是布拉曼特，看见米开朗琪罗回来重新得宠了，故把这件事情作难他，使他的荣名扫地。这至少是孔迪维的意见。但我们应得注意在米开朗琪罗没有逃到博洛尼亚之前，要他作西斯廷壁画的问题已经提起过了，那时节布拉曼特对于这计划并未见得欢欣，因为他正设法要他离开罗马。（一五〇六年五月皮耶特罗·洛塞利致米开朗琪罗书）即在 1508 年，米氏的敌手拉斐尔在梵蒂冈宫开始 *Stanza* 那组壁画，获得极大的成功，故米开朗琪罗的使命尤其来得危险，因为他的敌人已经有了杰作摆在那里和他挑战。在一五〇八年四月至九月，拉斐尔画成了所谓“诸侯厅”中的壁画。其中有《雅典学派》《圣体争辩》等诸名作。他用尽方法辞谢这可怕的差使，他甚至提议请拉斐尔代替他：他说这不是他的艺术，他绝对不会成功的。但教皇尽是固执着，他不得不让步。

布拉曼特为米开朗琪罗在西斯廷教堂内造好了一个台架，并且

西斯廷礼拜堂天顶画全景

从翡冷翠找来好几个有壁画经验的画家来帮他忙。但上面已经说过，米开朗琪罗不能有任何助手。他开始便说布拉曼特的台架不能用，另外造了一个。至于从翡冷翠招来的画家，他看见便头痛，什么理由也不说，把他们送出门外。“一个早上，他把他们所画的东西尽行毁掉；他自己关在教堂里，他不愿再开门让他们进来，即在他自己家里也躲着不令人见。当这场玩笑似乎持续到够久时，他们沮丧万分，决意回翡冷翠去了。”见瓦萨里记载。

米开朗琪罗只留着几个工人在身旁；在米开朗琪罗一五一〇年致父亲书中，他曾提及他的助手什么也不能做的话，“只要人家去服侍他……当然我不能管这些！我自己已感到帮助的人不够！他使我受苦如一头畜生”。但困难不独没有减杀他的胆量，反而使他把计划扩大了，他决意在原定的天顶之外，更要画四周的墙壁。

1508 年 5 月 10 日，巨大的工程开始了。暗淡的岁月——这整个生涯中最暗淡最崇高的岁月！这是传说上的米开朗琪罗，西斯廷的英雄，他的伟大的面目应当永远镂刻在人类的记忆之中。

他大感痛苦。那时代的信札证明他的狂乱的失望，绝非他神明

西斯廷礼拜堂天顶画局部

般的思想能够解救得了的：

“我的精神处在极度的苦恼中。一年以来，我从教皇那里没有拿到一文钱；我什么也不向他要求，因为我的工作进行的程度似乎还不配要求酬报。工作迟缓之故，因为技术上发生困难，因为这不是我的内行。因此我的时间是枉费了的。神佑我！”**一五〇九年正月二十七日致他的父亲书**。

他才画完《洪水》一部，作品已开始发霉：人物的面貌辨认不清。他拒绝继续下去。但教皇一些也不原谅。他不得不重新工作。

在他一切疲劳与烦恼之外，更加上他的家族的纠缠。全家都靠了他生活，滥用他的钱，拼命地压榨他。他的父亲不停地为了钱的事情烦闷、呻吟。他不得不费了许多时间去鼓励他，当他自己已是病苦不堪的时候。

“你不要烦躁吧，这并非人生遭受侮弄的事情……只要我自己还有些东西，我绝不令你短少什么……即使你在世界上所有的东西全都丧失了，只要我存在，你必不致有何缺乏……我宁愿自己贫穷而你活着，绝不愿具有全世界的金银财富而你不在人世。……如你不能和其余的人一样在世界上争得荣誉，你当以有你的面包自足，不论贫与富，当和基督一起生活，如我在此地所做的那样，因为我是不幸的，我可既不为生活发愁亦不为荣誉——即为了世界——苦恼；然而我确在极大的痛苦，与无穷的猜忌中度日。十五年以来，我不曾有过一天好日子，我竭力支撑你；而你从未识得，也从未相信。

西斯廷礼拜堂天顶画局部

西斯廷礼拜堂天顶画局部

神宽恕你们众人！我准备在未来，在我存在的时候，永远同样地做人，只要我能够！”致他的父亲书。（一五〇九年至一五一二年）

他的三个弟弟都依赖他。他们等他的钱，等他为他们觅一个地位；他们毫无顾忌地浪费他在翡冷翠所积聚的小资产；他们更到罗马来依附他；博纳罗托与乔凡·西莫内要他替他们购买一份商业的资产，西吉斯蒙多要他买翡冷翠附近的田产。而他们绝不感激他：似乎这是他欠他们的债。米开朗琪罗知道他们在剥削他；但他太骄傲了，不愿拒绝他们而显出自己的无能。那些坏蛋还不安分守己呢。他们行动乖张，在米开朗琪罗不在家的时候虐待他们的父亲。于是米开朗琪罗暴跳起来。他把他的兄弟们当作顽童一般看待，鞭笞他们。必要时他也许会把他们杀死。

“乔凡·西莫内：乔凡·西莫内对他的父亲横施暴行。米开朗琪罗写信给他的父亲说：‘在你的信中我知道一切和西莫内的行

西斯廷礼拜堂天顶画局部

为。十年以来，我不曾有过比这更坏的消息。……如果我能够，即在收到信的那天，我将跨上马，把一切都整顿好了。但我既然不能如此做，我便写信给他。但如果他不改性，如果他拿掉家里的一支牙签，如果他做任何你所厌恶的事情，请你告诉我：我将向教皇请假，我将回来。’”（一五〇九年春）

常言道，与善人行善会使其更善，与恶人行善会使其更恶。几年以来，我努力以好言好语和温柔的行动使你改过自新，和父亲与我们好好地过活，而你却愈来愈坏了……我或能细细地和你说，但这不过是空言而已。现在不必多费口舌，只要你确切知道你在世界上什么也没有；因为是我为了上帝的缘故维持你的生活，因为我相信你是我的兄弟和其余的一样。但我此刻断定你不是我的兄弟；因为如果是的，那么你不会威胁我的父亲。你真可说是一头畜生，我将如对待畜生一般对待你。须知一个人眼见他的父亲被威胁或被虐待的时候，应当为了他而牺牲生命……这些事情做得够了！……我告诉你，世界上没有一件东西是你所有的；如果我再听到关于你的什么话，我将籍没你的财产，把不是你所挣来的房屋田地放火烧掉；你不是你自己理想中的人物。如果我到你面前来，我将给你看些东西使你痛哭流涕，使你明白你靠了什么才敢这么逞威风……如果你愿改过，你愿尊敬你的父亲，我将帮助你如对于别的兄弟一样，而且不久之后，我可以替你盘下一家商店。但你如不这样做，我将要清理你，使你明白你的本来面目，使你确确实实知道你在世上所有的东西……完了！言语

西斯廷礼拜堂天顶画局部

有何欠缺的地方，我将由事实来补足。

米开朗琪罗于罗马

还有两行。十二年以来，我为了全意大利过着悲惨的生活，我受着种种痛苦，我忍受种种耻辱，我的疲劳毁坏我的身体，我把生命经历着无数的危险，只为要帮扶我的家庭；——现在我才把我们的家业稍振，而你却把我多少年来受着多少痛苦建立起来的事业在一小时中毁掉！……像基督一般！这不算什么！因为我可以把你那样的人——不论是几千几万——分裂成块块，如果是必要的话。——因此，要乖些，不要把对你具有多少热情的人逼得无路可走！”这封信的日期有人说是一五〇九年春，有人说是一五〇八年七月。注意这时候乔凡·西莫内已是三十岁的人了，米开朗琪罗只长他四岁。

以后是轮到西吉斯蒙多了：

“我在这里，过的是极度苦闷、极度疲劳的生活。任何朋友也没有，而且我也不愿有……极少时间我能舒舒服服地用餐。不要再和我说烦恼的事情了；因为我再不能忍受分毫烦恼了。”一五〇九年十月十七日致西吉斯蒙多书。

末了是第三个兄弟，博纳罗托，在斯特罗齐的商店中服务的，问米开朗琪罗要了大宗款项之后，尽情挥霍，而且以“用得比收到

西斯廷礼拜堂天顶画局部

的更多”来自豪：

“我极欲知道你的忘恩负义，”米开朗琪罗写信给他道，“我要知道你的钱是从何而来的；我要知道：你在新圣玛利亚银行里支用我的二百二十八金币与我寄回家里的另外好几百金币时，你是否明白在用我的钱，是否知道我历尽千辛万苦来支撑你们？我极欲知道你曾否想过这一切！——如果你还有相当的聪明来承认事实，你将绝不会说‘我用了我自己的许多钱’，也绝不会再到此地来和我纠缠而一些也不回想起我以往对于你们的行为。你应当说：‘米开朗琪罗知道没有写信给我们，他是知道的；如果他现在没有信来，他定是被什么我们所不知道的事务耽搁着！我们且耐性吧。’当一匹马在尽力前奔的时候，不该再去蹴它，要它跑得不可能那么快。然而你们从未认识我，而且现在也不认识我。神宽宥你们！是他赐我恩宠，曾使我能尽力帮助你们。但只有在我不复在世的时候，你们才会识得我。”**一五一三年七月三十日致博纳罗托书。**

这便是薄情与妒羡的环境，使米开朗琪罗在剥削他的家庭和不息地中伤他的敌人中间挣扎苦斗。而他，在这个时期，完成了西斯廷的英雄的作品。可是他花了何等可悲的代价！差一些他要放弃一切而重新逃跑。他自信快死了。**一五一二年八月信。**他也许愿意这样。

教皇因为他工作迟缓和固执着不给他看到作品而发怒起来。他们傲慢的性格如两朵阵雨时的乌云一般时时冲撞。“一天，”孔迪维述说，“尤利乌斯二世问他何时可以画完，米开朗琪罗依着他的习惯，答道：‘当我能够的时候。’教皇怒极了，用他的杖打他，口里反复地说：‘当我能够的时候！当我能够的时候！’”

“米开朗琪罗跑回家里准备行装要离开罗马了。尤利乌斯二世马上派了一个人去，送给他五百金币，竭力抚慰他，为教皇道歉。米开朗琪罗接受了道歉。”

但翌日，他们又重演一番，一天，教皇终于愤怒地和他说：“你难道要我把你从台架上倒下地来吗？”米开朗琪罗只得退步；他把台架撤去了，揭出作品，那是一五一二年的诸圣节日。

那盛大而暗淡的礼节，这祭亡魂的仪式，与这件骇人的作品的开幕礼，正是十分适合，因为作品充满着生杀一切的神的精灵——这挟着疾风雷雨般的气势横扫天空的神，带来了一切生命的力。关于米开朗琪罗作品在另书解释了，此处不赘。

二、力的崩裂

从这件巨人的作品中解放出来，米开朗琪罗变得光荣了，支离破灭了。成年累月地仰着头画西斯廷的天顶，“他把他的目光弄坏了，以致好久之后，读一封信或看一件东西时他必得把它们放在头顶上才能看清楚”。瓦萨里记载。

西斯廷礼拜堂天顶画局部

西斯廷礼拜堂天顶画局部

他把自己的病态作为取笑的资料：

“……

我的胡子向着天，

我的头颅弯向着肩，

胸部像头枭。

画笔上滴下的颜色，

在我脸上形成富丽的图案。

腰缩向腹部的位置，

臀部变作秤星，维持我全身重量的均衡。

我再也看不清楚了，

走路也徒然摸索几步。

我的皮肉，在前身拉长了，

在后背缩短了，

仿佛是一张叙利亚的弓。

……”诗集卷九。这首以诙谑情调写的诗是一五一〇年七月作的。

我们不当为这开玩笑的口气蒙蔽。米开朗琪罗为了变得那样丑而深感痛苦。像他那样的人，比任何人都更爱慕肉体美的人，丑是一桩耻辱。亨利·索德在他的《米开朗琪罗与文艺复兴的结束》（一九〇二，柏林）中提出这一点，把米氏的性格看得很准确。在他的一部分恋歌中，我们看出他的愧恧之情。“……既然吾主把人

西斯廷礼拜堂天顶画局部

西斯廷礼拜堂天顶画局部

死后的肉体交给灵魂去受永久的平和或苦难，我祈求他把我的肉体——虽然它是丑的，不论在天上地下——留在你的旁边；因为一颗爱的心至少和一个美的脸庞有同等价值……”（诗集卷一百〇九第十二首）“上天似乎正因为我在美丽的眼中变得这么丑而发怒。”（诗集卷一百〇九第九十三首）他的悲苦之所以尤其深刻，是因为他一生被爱情煎熬着；而似乎他从未获得回报。于是他自己反省，在诗歌中发泄他的温情与痛苦。

自童年起他就作诗，这是他热烈的需求。他的素描、信札、散页上面满涂着他的反复推敲的思想的痕迹。不幸的是，在 1518 年

西斯廷礼拜堂天顶画局部

时，他把他的青年时代的诗稿焚去大半；有些在他生前便毁掉了。可是他留下的少数诗歌足已唤起人们对于他的热情的概念。米开朗琪罗全部诗集的第一次付印是在一六二三年，由他的侄孙在翡冷翠发刊的。这一部版本错讹极多。一八六三年，切萨雷·瓜斯蒂在翡冷翠发刊第一部差不多是正确的版本。但唯一完全的科学的版本，当推卡尔·弗莱博士于一八九七年在柏林刊行的一部。本书所申引依据的，亦以此本为准。

最早的诗似乎是于1504年左右在翡冷翠写的：在同一页纸上画有人与马的交战图。

“我生活得多么幸福，爱啊，只要我能胜利地抵拒你的疯癫！而今

西斯廷礼拜堂天顶画局部

西斯廷礼拜堂天顶画局部

西斯廷礼拜堂天顶画局部

是可怜！我涕泪沾襟，我感到了你的力……”诗集卷二。

1504 年至 1511 年的，或即写给同一个女子的两首情诗，含有多么悲痛的表白：

“谁强迫我投向着你……噫！噫！噫！……紧紧相连着吗？可是我仍是自由的！……”诗集卷五。

“我怎么会不复属于我自己呢？喔神！喔神！喔神！……谁把我与我自己分离？……谁能比我更深入我自己？喔神！喔神！喔神！……”诗集卷六。

1507 年 12 月自博洛尼亚发的一封信的背后，写着下列一首十四行诗，其中肉欲的表白，令人回想起波提切利的形象：

“鲜艳的花冠戴在她的金发之上，它是何等幸福！谁能够，和鲜花轻抚她的前额一般，第一个亲吻她？终日紧束着她的胸部长袍真是幸运。金丝一般的细发永不厌倦地掠着她的双颊与蝤蛴颈。金丝织成的带子温柔地压着她的乳房，它的幸运更是可贵。腰带似乎说：‘我愿永远束着她……’啊！……那么我的手臂又将怎样呢！”诗集卷七。

在一首含有自白性质的亲密的长诗中（据弗莱氏意见，此诗是一五三一年至一五三二年之作，但我认为是早年之作）——在此很难完全引述的——米开朗琪罗在特别放纵的辞藻中诉说他的爱情的悲苦：

“一日不见你，我到处不得安宁。见了你时，仿佛是久饥的人逢到食物一般……当你向我微笑，或在街上对我行礼……我像火药一般燃烧起来……你和我说话，我脸红，我的声音也失态，我的欲念突然熄灭了。……”诗集卷三十六。

接着是哀呼痛苦的声音：

“啊！无穷的痛苦，当我想起我多么爱恋的人绝不爱我时，我的心碎了！怎么生活呢？……”诗集卷十三。另一首著名的情诗，由作曲家巴尔托洛梅奥·特罗姆邦奇诺于一五一八年前谱成音乐的，亦是同时期之作：“我的宝贝，如果我不能求你的援助，如果我没有了你，我如何能有生活的勇气？呻吟着，哭泣着，叹息着。我可怜的心跟踪着你，夫人，并且向你表显我不久将要面临到的死，和我所受的苦难。但离别永不能使我忘掉我对你的忠诚，我让我的心和你在一起：我的心已不复是我的了。”（诗集卷十一）

下面几行，是他写在梅迪契家庙中的圣母像画稿旁边的：

“太阳的光芒耀射着世界，而我却独自在阴暗中煎熬。人皆欢乐，而我，倒在地下，浸在痛苦中，呻吟，号哭。”诗集卷二十二。

米开朗琪罗的强有力的雕塑与绘画中间，爱的表现是缺如的；在其中他只诉说他的最英雄的思想。似乎把他心的弱点混入作品中间是一桩羞耻。他只把它付托给诗歌。是在这方面应当寻觅藏在犷野的外表之下的温柔与怯弱的心：

“我爱：我为何生了出来？”诗集卷一百〇九第三十五首。试把这些爱情与痛苦几乎是同义字的情诗，和肉感的、充满着青春之气的拉斐尔的十四行诗（写在《圣体争辩》图稿反面的）作一比较。

西斯廷工程告成了，尤利乌斯二世死了，尤利乌斯二世死于一五一三年二月二十一日，正当西斯廷天顶画落成后三个半月。米开朗琪罗回到翡冷翠，回到他念念不忘的计划上去：尤利乌斯二世的坟墓。他签订了十七年中完工的契约。契约订于一五一三年三月六日。——这新计划较原来的计划更可惊，共计巨像三十二座。三年之中，他差不多完全致力于这件工作。在这时期内，米开朗琪罗似乎只接受一件工作——《米涅瓦基督》。在这个相当平静的时期——悲哀而清明的成熟时期，西斯廷时代的狂热镇静了，好似波涛汹涌的大海重归平复一般——米开朗琪罗产生了最完美的作品，他的热情与意志的均衡实现得最完全的作品：《摩西》与现藏卢浮宫的《奴隶》。《摩西》是在预定计划内竖在尤利乌斯二世陵墓第一层上的六座巨像之一。直到一五四五年，米开朗琪罗还在做这件作品。《奴隶》共有两座，米开朗琪罗一五一三年之作，一五四六年时他赠予罗伯托·斯特罗齐，那是一个翡冷翠的共和党人，那时正逃亡在法国，《奴隶》即由他转赠给法兰西王弗朗西斯一世，今存卢浮宫。

可是这不过是一刹那而已；生命的狂潮几乎立刻重复掀起：他重新堕入黑夜。

新任教皇利奥十世，竭力要把米开朗琪罗从宣扬前任教皇的事业上转换过来，为他自己的宗族歌颂胜利。这对于他只是骄傲的问

《摩西》

题，无所谓同情与好感；因为他的伊壁鸠鲁派的精神不会了解米开朗琪罗的忧郁的天才：他全部的恩宠都加诸拉斐尔一人身上。他对于米开朗琪罗并非没有温情的表示；但米开朗琪罗使他害怕。他觉得和他一起非常局促。皮翁博在写给米氏的信中说："当教皇讲起你时，仿佛在讲他的一个兄弟；他差不多

未完成的《奴隶》

眼里满含着泪水。他和我说你们是一起教养长大的（米氏幼年在梅迪契学校中的事情已见前文叙述），而他不承认认识你、爱你，但你要知道你使一切的人害怕，甚至教皇也如此。"（一五二〇年十月二十七日）在利奥十世的宫廷中，人们时常把米开朗琪罗作为取笑的资料。他写给拉斐尔的保护人别纳大主教的一封信，措辞失当，使他的敌人们引为大乐。皮翁博和米氏说："在宫中人家只在谈论你的信；它使大家发笑。"（一五二〇年七月三日书）但完成西斯廷的人物却是意大利的光荣；利奥十世要役使他。

他向米开朗琪罗提议建造翡冷翠的梅迪契家庙。米开朗琪罗因为要和拉斐尔争胜——拉斐尔利用他离开罗马的时期把自己造成了

艺术上的君王的地位（布拉曼特死于一五一四年。拉斐尔受命为重建圣彼得寺的总监）——不由自主地听让这新的锁链锁住自己了。实在，他要担任这一件工作而不放弃以前的计划是不可能的，他永远在这矛盾中挣扎着。他努力令自己相信他可以同时进行尤利乌斯二世的陵墓与圣洛伦佐教堂——即梅迪契家庙。他打算把大部分工作交给一个助手去做，自己只塑几个主要的像。但由着他的习惯，他慢慢地放弃这计划，他不肯和别人分享荣誉。更甚于此的是，他还担忧教皇会收回成命呢；他求利奥十世把他系住在这新的锁链上。“我要把这个教堂的屋面，造成全意大利的建筑与雕塑取法的镜子。教皇与大主教（尤利乌斯·特·梅迪契，即未来的教皇克雷芒七世）必须从速决定到底要不要我做，是或否。如果他们要我做，那么应当签订一张合同……梅塞尔·多梅尼科，关于他们的主意，请你给我一个切实的答复，这将是我的欢乐中最大的欢乐。”（一五一七年七月致多梅尼科·博宁塞尼书）一五一八年正月十九日，教皇与他签了约，米开朗琪罗应允在八年中交出作品。

当然他不能继续尤利乌斯二世的纪念建筑了。但最可悲的是连圣洛伦佐教堂也不能建立起来。拒绝和任何人合作犹以为未足，由着他的可怕的脾气，要一切由他自己动手的愿欲，他不留在翡冷翠做他的工作，反而跑到卡拉雷地方去监督斫石工作。他遇着种种困难，梅迪契族人要用最近被翡冷翠收买的皮耶特拉桑塔石厂的出品。因为米开朗琪罗主张用卡拉雷的白石，故他被教皇诬指为受贿；

一五一八年二月二日，大主教尤利乌斯·特·梅迪契致书米开朗琪罗，有云："我们疑惑你莫非为了私人的利益袒护卡拉雷石厂而不愿用皮耶特拉桑塔的白石……我们告诉你，不必任何解释，圣下的旨意要完全采用皮耶特拉桑塔的石块，任何其他的都不要……如果你不这么做，将是故意违反圣下与我们的意愿，我们将极有理由地对你表示严重的愤怒……因此，把这种固执从头脑里驱逐出去吧。"为要服从教皇的意志，米开朗琪罗又受卡拉雷人的责难，他们和航海工人联络起来，以致他找不到一条船肯替他在日纳与比萨中间运输白石。"我一直跑到日纳地方去寻觅船只……卡拉雷人买通了所有的船主人……我不得不往比萨去。……"（见一五一八年四月二日米开朗琪罗致乌尔比诺书）"我在比萨租的船永远没有来。我想人家又把我作弄了：这是我一切事情上的命运！喔，我离开卡拉雷的那一天那一时刻真应诅咒啊！这是我的失败的原因……"（一五一八年四月十八日书）他逼得在远亘的山中和荒确难行的平原上造起路来。当地的人又不肯拿出钱来帮助筑路费。工人一些也不会工作，这石厂是新的，工人亦是新的。米开朗琪罗呻吟着：

"我在要开掘山道把艺术带到此地的时候，简直在干和令死者复活同样为难的工作。"一五一八年四月十八日书。——几个月之后："山坡十分峭险，而工人们都是蠢极的；得忍耐着！应得要克服高山，教育人民……"（一五一八年九月致斐里加耶书）

然而他挣扎着：

“我所应允的，我将冒着一切患难而实践；我将做一番全意大利从未做过的事业，如果神助我。”

多少的力，多少的热情，多少的天才枉费了！1518年9月杪，他在塞拉韦扎地方，因为劳作过度、烦虑太甚而病了。他知道在这苦工生活中健康衰退了，梦想枯竭了。他日夜为了热望终有一日可以开始工作而焦虑，又因为不能实现而悲痛。他受着他所不能令人满意的工作压榨。**指《米涅瓦基督》与尤利乌斯二世的陵墓。**

“我不耐烦得要死，因为我的厄运不能使我为所欲为……我痛苦得要死，我做了骗子般的勾当，虽然不是由于我自己的过失……”**一五一八年十二月二十一日致阿真大主教书。——四个仅仅动工的巨像，预备安放在尤利乌斯二世墓上的《奴隶》似乎是这一期的作品。**

回到翡冷翠，在等待白石运到的时期里，他万分自苦；但阿尔诺河干涸着，满载石块的船只不能进口。

终于石块来了：这一次，他开始了吗？——不，他回到石厂去。他固执着在没有把所有的白石堆聚起来成一座山头——如以前尤利乌斯二世的陵墓那次一般——之前他不动工。他把开始的日期一直捱延着；也许他怕开始。他不是在应允的时候太夸口了么？在这巨大的建筑工程中，他不太冒险吗？这绝非他的内行；他将到哪里去学呢？此刻，他是进既不能，退亦不可了。

费了那么多的心思，还不能保障运输白石的安全。在运往翡冷翠的六支巨柱式的白石中，四支在路上裂断了，一支即在翡冷翠当地。他受了他的工人们的欺骗。

末了，教皇与梅迪契大主教眼见多少宝贵的光阴白白浪费掉在石厂与泥泞的路上，感着不耐烦起来。1520 年 3 月 10 日，教皇一道敕谕把 1518 年命米开朗琪罗建造圣洛伦佐教堂的契约取消了。米开朗琪罗只在派来代替他的许多工人到达皮耶特拉桑塔地方的时候才知道消息。他深深地受了一个残酷的打击。

“我不和大主教计算我在此浪费掉的三年光阴，”他说，“我不和他计算我为了这圣洛伦佐作品而破产。我不和他计算人家对我的侮辱：一下子委任我做，一下子又不要我做这件工作，我不懂为什么缘故！我不和他计算我所损失的开支的一切……而现在，这件事情可以结束如下：教皇利奥把已经斫好石块的山头收回去，我手中是他给我的五百金币，还有是人家还我的自由！”一五二〇年书信。

但米开朗琪罗所应指摘的不是他的保护人们而是他自己，他很明白这个。最大的痛苦即为此。他和自己争斗。自 1515 年至 1520 年，在他的力量的丰满时期，洋溢着天才的顶点，他做了些什么？——黯然无色的《米涅瓦基督》——一件没有米开朗琪罗的成分的米开朗琪罗作品！——而且他还没有把它完成。米开朗琪罗把完成这座基督像的工作交付给他蠢笨的学生乌尔巴诺，他把它弄坏了。（见一五二一年九月六日皮翁博致米开朗琪罗书）罗马的雕塑家弗里齐胡乱把它修葺了。这一切忧患并没阻止米开朗琪

佛罗伦萨梅迪契陵墓

罗在已往把他磨折不堪的工作上更加上新的工作。一五一九年十月二十日，他为翡冷翠学院签具公函致利奥十世，要求把留在拉文纳的但丁遗物运回翡冷翠，他自己提议“为神圣的诗人建造一个纪念像”。

自1515年至1520年，在这伟大的文艺复兴的最后几年中，在一切灾祸尚未摧毁意大利的美丽的青春之时，拉斐尔画了Loges室、火室以及各式各样的杰作，建造Madame别墅，主持圣彼得寺的建筑事宜，领导着古物发掘的工作，筹备庆祝节会，建立纪念物，统治艺术界，创办了一所极发达的学校；而后他在胜利的勋功伟业中逝世了。一五二〇年四月六日。

他的幻灭的悲苦，枉费时日的绝望，意志的破裂，在他后来的作品中完全反映着：如梅迪契的坟墓，与尤利乌斯二世纪念碑上的新雕像。指《胜利》。

自由的米开朗琪罗，终身只在从一个羁绊转换到另一个羁绊，从一个主人换到另一个主人中消磨过去。大主教尤利乌斯·特·梅迪契，不久成为教皇克雷芒七世，自1520年至1534年主宰着他。

人们对于克雷芒七世曾表示严厉的态度。当然，和所有的教皇一样，他要把艺术和艺术家作为夸扬他的宗族的工具。但米开朗琪罗不应该对他如何怨望。没有一个教皇曾这样爱他。没有一个教皇曾对他的工作保有这么持久的热情。一五二六年，米开朗琪罗必得每星期写信给他。没有一个教皇曾比他更了解他的意志的薄弱，和他那样时时鼓励他振作，阻止他枉费精力。即在翡冷翠革命与米开朗琪罗反叛之后，克雷芒对他的态度也并没改变。皮翁博在致米开朗琪罗的信中写道："他崇拜你所做的一切；他把他所有的爱来爱你的作品。他讲起你时那么慈祥恺恻，一个父亲也不会对他的儿子有如此的好感。"（一五三一年四月二十九日）"如果你愿到罗马来，你要做什么便可做什么，大公或王……你在这教皇治下有你的名分，你可以做主人，你可以随心所欲。"（一五三一年十二月五日）但要医治侵蚀这颗伟大的心的烦躁、狂乱、悲观，与致命般的哀愁，却并非他权力范围以内的事。一个主人慈祥有何用处？他毕竟是主人啊！……

"我服侍教皇，"米开朗琪罗说，"但这是不得已的。"见米开朗琪罗致侄儿利奥那多书。（一五四八年）

少许的荣名和一两件美丽的作品又算得了什么？这和他所梦想的境界距离得那么远！……而衰老来了。在他周围，一切阴沉下来。文艺复兴快要死灭了。罗马将被野蛮民族来侵略蹂躏。一个悲哀的神的阴影慢慢地压住了意大利的思想。米开朗琪罗感到悲剧的时间的降临；他被悲怆的苦痛闷塞着。

把米开朗琪罗从他焦头烂额的艰难中拯拔出来之后，克雷芒七世决意把他的天才导入另一条路上去，为他自己所可以就近监督的。他委托他主持梅迪契家庙与坟墓的建筑。工程在一五二一年三月便开始了，但到尤利乌斯·特·梅迪契大主教登极为教皇时起才积极进行。这是一五二三年十一月十九日的事，从此是教皇克雷芒七世了。最初的计划包含四座坟墓：“高贵”的洛伦佐的，他的兄弟朱利阿诺的，他的儿子的和他的孙子的。一五二四年，克雷芒七世又决定加入利奥十世的棺椁和他自己的。同时，米氏被任主持圣洛伦佐图书馆的建筑事宜。他要他专心服务。他甚至劝他加入教派，这里是指方济各教派。（见一五二四年正月二日法图奇以教皇名义给米开朗琪罗书）致送他一笔教会俸金。米开朗琪罗拒绝了，但克雷芒七世仍是按月致送他俸给，比他所要求的多出三倍，又赠予他一所邻近圣洛伦佐的屋子。

一切似乎很顺利，教堂的工程也在积极进行，忽然米开朗琪罗放弃了他的住所，拒绝克雷芒致送他的月俸。一五二四年三月。他又灰心了。尤利乌斯二世的承继人对他放弃已经承应的作品这件事不肯原谅；他们恐吓他要控告他，他们提出他的人格问题。诉讼的念头把米开朗琪罗吓倒了；他的良心承认他的敌人们有理，责备他自己爽约：他觉得在尚未偿还他所花去的尤利乌斯二世的钱之前，他绝不能接受克雷芒七世的金钱。

“我不复工作了，我不再生活了。”他写着。一五二五年四月十九日米开朗琪罗致教皇管事乔凡尼·斯皮纳书。他恳求教皇替他向尤利乌斯二世的承继人们疏通，帮助他偿还他们的钱：

“我将卖掉一切，我将尽我一切的力量来偿还他们。”

或者，他求教皇允许他完全去干尤利乌斯二世的纪念建筑：

“我要解脱这义务的企望比之求生的企望更切。”

一想起如果克雷芒七世崩逝，而他要被他的敌人控告时，他简直如一个孩子一般，他绝望地哭了：

“如果教皇让我处在这个地位，我将不复能生存在这世界上……我不知我写些什么，我完全昏迷了……”一五二五年十月二十四日米氏致法图奇书。

克雷芒七世并不把这位艺术家的绝望如何认真，他坚持着不准他中止梅迪契家庙的工作。他的朋友们一些也不懂他这种烦虑，劝他不要闹笑话拒绝俸给。有的认为他是不假思索地胡闹，大大地警告他，嘱咐他将来不要再如此使性。一五二四年三月二十二日法图奇致米氏书。有的写信给他：

“人家告诉我，说你拒绝了你的俸给，放弃了你的住处，停止了工作；我觉得这纯粹是疯癫的行为。我的朋友，你不啻和你自己为敌……你不要去管尤利乌斯二世的陵墓，接受俸给吧，因为他们是以好心给你的。”一五二四年三月二十四日利奥那多·塞拉约致米氏书。

米开朗琪罗固执着。——教皇宫的司库和他戏弄，把他的话作准了：他撤销了他的俸给。可怜的人，失望了，几个月之后，他不得不重新请求他所拒绝的钱。最初他很胆怯地，含着羞耻：

“我亲爱的乔凡尼，既然笔杆较口舌更大胆，我把我近日来屡次要和你说而不敢说的话写信给你了：我还能获得月俸吗？……如果我知道我绝不能再受到俸给，我也不会改变我的态度：我仍将尽力为教皇工作；但我将算清我的账。”**一五二四年米氏致教皇管事乔凡尼·斯皮纳书。**

以后，为生活所迫，他再写信：

“仔细考虑一番之后，我看到教皇多么重视这件圣洛伦佐的作品。既然是圣下自己答应给我的月俸，为的要我加紧工作，那么我不收受它无异是延宕工作了：因此，我的意见改变了；迄今为止我不请求这月俸，此刻为了一言难尽的理由我请求了。……你愿不愿从答应我的那天算起把这笔月俸给我？……何时我能拿到？请你告诉我。”**一五二五年八月二十九日米氏致斯皮纳书。**

人家要给他一顿教训：只装作不听见。两个月之后，他还什么都没拿到，他不得不再三申请。

他在烦恼中工作；他怨叹这些烦虑把他的想象力窒塞了：

“……烦恼使我受着极大的影响……人们不能用两只手做一件事，而头脑想着另一件事，尤其是雕塑。人家说这是要刺激我，但我说这是坏刺激，会令人后退的。我一年多没有收到月俸，我和穷困挣扎：我在我的忧患中十分孤独，而且我的忧患是那么多，比艺术使我操心得更厉害！我无法获得一个服侍我的人。”**一五二五年十月二十四日米氏致法图奇书。**

克雷芒七世有时为他的痛苦所感动了。他托人向他致意，表示他深切的同情。他担保“在他生存的时候将永远优待他”。一五二五年十二月二十三日皮尔·保罗·马尔齐以克雷芒七世名义致米氏书。但梅迪契族人们的无可救治的轻佻性又来纠缠着米开朗琪罗，他们非唯不把他的重负减轻一些，反又令他担任其他的工作：其中有一个无聊的巨柱，顶上放一座钟楼。一五二五年十月至十二月书信。米开朗琪罗为这件作品又费了若干时间的心思。——此外他时时被他的工人、泥水匠、车夫们麻烦，因为他们受着一般八小时工作制的先驱的宣传家的诱惑。一五二六年六月十七日米氏致法图奇书。

同时，他日常生活的烦恼有增无减。他的父亲年纪愈大，脾气愈坏，一天，他从翡冷翠的家中逃走了，说是他的儿子把他赶走的。米开朗琪罗写了一封美丽动人的信给他：

“至爱的父亲，昨天回家没有看见你，我非常惊异；现在我知道你在怨我说我把你逐出的，我更惊异了。从我生来直到今日，我敢说从没有做任何足以使你不快的事——无论大小——的用意。我所受的一切痛苦，我是为爱你而受的……我一向保护你。……没有几天之前，我还和你说，只要我活着，我将竭我全力为你效命；我此刻再和你说一次，再答应你一次。你这么快地忘掉了这一切，真使我惊骇。三十年来，你知道我永远对你很好，尽我所能，在思想上在行动上。你怎么能到处去说我赶走你呢？你不知道这是为我出了怎样的名声吗？此刻，我烦恼得尽够了，再也用不到增添；而这一切烦恼我是为你而受的！你报答我真好！……可是万物都听天由命吧：我愿使我自己确信我从未使你蒙受耻辱与损害；而我现在求你宽恕，就好似我真的做了对不起你的事一般。原宥我吧，好似原宥一个素来过着放浪生活作尽世上所有的恶事的儿子一样。我再求你一次，求你宽恕我这悲惨的人儿，只不要给我这逐出你的名声，因为我的名誉对于我的重要是你所意想不到的：无论如何，我终是你的儿子！”**此信有人认为是一五二一年左右的，有人认为是一五一六年左右的。**

如此的热爱，如此的卑顺，只能使这老人的易怒性平息一刻。若干时以后，他说他的儿子偷了他的钱。米开朗琪罗被逼到极端了，写信给他：

“我不复明白你要我怎样。如果我活着使你讨厌，你已找到了摆脱我的好方法，你不久可以拿到你认为我掌握着的财宝的钥匙。而这个你将做得很对，因为在翡冷翠大家知道你是一个巨富，我永远在偷你的钱，我应当被罚：你将大大地被人称颂！……你要说我什么就尽你说尽你喊吧，但不要再写信给我，因为你使我不能再工作下去。你逼得我向你索还二十五年来我所给你的一切。我不愿如此说，但我终于被逼得不得不说！……仔细留神……一个人只死一次的，他再不能回来补救他所做的错事。你是要等到死的前日才肯忏悔。神佑你！”**一五二三年六月书信。**

这是他在家族方面所得的援助。

“忍耐啊！”他在给一个朋友的信中叹息着说，“只求神不要把并不使他不快的事情使我不快。”一五二六年六月十七日米氏致法图奇书。

在这些悲哀苦难中，工作不进步。当 1527 年全意大利发生大政变的时候，梅迪契家庙中的塑像一个也没有造好。同一封信内，说一座像已开始了，还有其他棺龛旁边的四座象征的人像与圣母像亦已动工。这样，这个 1520 年至 1527 年的新时代只在他前一时代的幻灭与疲劳上加上了新的幻灭与疲劳，对于米开朗琪罗，十年以来，没有完成一件作品、实现一桩计划的欢乐。

三、绝望

对于一切事物和对于他自己的憎厌，把他卷入 1527 年在翡冷翠爆发的革命旋涡中。

米开朗琪罗在政治方面的思想，素来亦是同样的犹豫不决，他的一生、他的艺术老是受这种精神状态的磨难。他永远不能使他个人的情操和他所受的梅迪契的恩德相妥协。而且这个强项的天才在行动上一向是胆怯的；他不敢冒险和人世的权威者在政治的与宗教的立场上斗争。他的书信即显出他老是为了自己与为了家族在担忧，怕会干犯什么，万一他对于任何专制的行为说出了什么冒昧的批评，一五一二年九月书信中说及他批评梅迪契的联盟者、帝国军队劫掠普拉托事件。他立刻加以否认。他时时刻刻写信给他的家族，嘱咐他们留神，一遇警变马上要逃：

“要像疫疠盛行的时代那样，在最先逃的一群中逃……生命较财产更值价……安分守己，不要树立敌人，除了上帝以外不要相信任何人，并且对于无论何人不要说好也不要说坏，因为事情的结局是不可知的；只顾经营你的事业……什么事也不要参加。”一五一二年九月米氏致弟博纳罗托书。

他的弟兄和朋友都嘲笑他的不安，把他当作疯子看待。一五一五年九月米氏致弟博纳罗托书：“我并非一个疯子，像你们所相信的那般……”

“你不要嘲笑我，”米开朗琪罗悲哀地答道，“一个人不应该嘲笑任何人。”一五一二年九月十日米氏致弟博纳罗托书。

实在，他永远的心惊胆战并无可笑之处。我们应该可怜他的病态的神经，它们老是使他成为恐怖的玩具；他虽然一直在和恐怖战斗，但他从不能征服它。危险临到时，他的第一个动作是逃避，但经过一番磨难之后，他反而更要强制他的肉体与精神去忍受危险。况他比别人更有理由可以恐惧，因为他更聪明，而他的悲观成分亦只使他对于意大利的厄运预料得更明白。——但要他那种天性怯弱的人去参与翡冷翠的革命运动，真需要一种绝望的激动，揭穿他的灵魂底蕴的狂乱才有可能呢。

这颗灵魂，虽然那么富于反省，深自藏纳，却是充满着热烈的共

《布鲁图斯胸像》

和思想。这种境地，他在热情激动或信托友人的时候，会在激烈的言辞中流露出来——特别是他以后和朋友卢伊吉·德尔·里乔、安东尼奥·佩特罗和多纳托·贾诺蒂诸人的谈话，为贾诺蒂在他的《关于但丁〈神曲〉对语》中所引述的。一五四五年间事。米开朗琪罗的《布鲁图斯胸像》便是为多纳托·贾诺蒂作的。一五三六年，在那部《但丁〈神曲〉对语》前数年，亚历山大·特·梅迪契被洛伦齐诺刺死，洛伦齐诺被人当作布鲁图斯般加以称颂。朋友们觉得奇怪，为何但丁把布鲁图斯与卡修斯放在地狱中最后的一层，而把恺撒倒放在他们之上（意即受罪更重）。当友人问起米开朗琪罗时，朋友们所讨论的主题是要知道但丁在地狱中过多少日子：是从星期五晚到星期六晚呢，抑是星期四晚至星期日早晨？他们去请教米开朗琪罗，他比任何人更了解但丁的作品。他替刺杀暴君的武士辩护道：

“如果你们仔细去读首段的诗篇，你们将看到但丁十分明白暴君的性质。他也知道暴君所犯的罪恶是神人共嫉的。他把暴君们归入‘凌虐同胞’的这一类，罚入第七层地狱，沉入鼎沸的腥血之中。……既然但丁承认这点，那么说他不承认恺撒是他母国的暴君而布鲁图斯与卡修斯是正当的诛戮自是不可能了；因为杀掉一个暴君不是杀了一个人而是杀了一头人面的野兽。一切暴君丧失了人所共有的同类之爱，他们已丧失了人性：故他们已非人类而是兽类了。他们的没有同类之爱是昭然若揭的：否则，他们绝不至掠人所有以为己有，绝不至蹂躏人民而为暴君。……因此，诛戮一暴君的人不是乱臣贼子亦是明显的事，既然他并不杀人，乃是杀了一头野兽。由是，杀掉恺撒的布鲁图斯与卡修斯并不犯罪。第一，因为他们杀掉一个为一切罗马人所欲依照法律而杀掉的人。第二，因为他们并不是杀了一个人，而是杀了一头野兽。”**米开朗琪罗并辨明暴君与世袭君王或与立宪诸侯之不同：“在此我不是指那些握有数百年权威的诸侯或是为民众的意志所拥戴的君王而言，他们的统治城邑，与民众的精神完全和洽……”**

因此，罗马被西班牙王查理－昆特攻陷（**一五二七年五月六日**）与梅迪契宗室被逐（**一五二七年五月十七日梅迪契宗室中的伊波利特与亚历山大被逐**）的消息传到翡冷翠，激醒了当地人民的国家意识与共和观念以至揭竿起义的时候，米开朗琪罗便是翡冷翠革命党的前锋之一。就是那个平时叫他的家族避免政治如避免疫疠一般的人，兴奋狂热到什么也不怕的程度。他便留在那革命与疫疠的中心区翡冷翠。他的兄弟博纳罗托染疫而亡，死在他的臂抱中。**一五二八年七月二日**。1528 年 10 月，他参加守城会议。1529 年 5 月 10 日，他被任为防守工程的督造者。4 月 6 日他被任（任期一年）

为翡冷翠卫戍总督。6 月，他到比萨、阿雷佐、里窝那等处视察城堡。7、8 月两月中，他被派到费拉雷地方去考察那著名的防御，并和防御工程专家、当地的大公讨论一切。

米开朗琪罗认为翡冷翠防御工程中最重要的是圣米尼亚托山岗，他决定在上面建筑炮垒。但——不知何故——他和翡冷翠长官卡波尼发生冲突，以至于后者要使米开朗琪罗离开翡冷翠。**据米开朗琪罗的秘密的诉白，那人是布西尼。**米开朗琪罗疑惑卡波尼与梅迪契党人有意要把他撵走使他不能守城，他便住在圣米尼亚托不动弹了。可是他的病态的猜疑更煽动了这被围之城中的流言，而这一次的流言却并非没有根据的。站在嫌疑地位的卡波尼被撤职了，由弗朗切斯科·卡尔杜奇继任长官，同时又任命不稳的马拉泰斯塔·巴利翁为翡冷翠守军统领（以后把翡冷翠城向教皇乞降的便是他）。米开朗琪罗预感到灾祸将临，把他的惶虑告诉了执政官，“而长官卡尔杜奇非但不感谢他，反而辱骂了他一顿；责备他永远猜疑、胆怯”。**孔迪维又言：“实在，他应该接受这好意的忠告，因为当梅迪契重入翡冷翠时，他被处死了。”**马拉泰斯塔呈请把米开朗琪罗解职：具有这种性格的他，为要摆脱一个危险的敌人起见，是什么都不顾虑的；而且他那时是翡冷翠的大元帅，在当地自是声势赫赫的了。米开朗琪罗以为自己处在危险中了，他写道：

“可是我早已准备毫不畏惧地等待战争的结局。但 9 月 20 日星期二清晨，一个人到我炮垒里来附着耳朵告诉我，说我如果要逃生，那么我不能再留在翡冷翠。他和我一同到了我的家里，和我一起用餐，他替我张罗马匹，直到目送我出了翡冷翠城他才离开我。”一五二九年九月二十五日米氏致巴蒂斯塔·德拉·帕拉书。

瓦尔基更补充这一段故事说：“米开朗琪罗在三件衬衣中缝了一万两千金币在内，而他逃出翡冷翠时并非没有困难，他和里纳多·科尔西尼和他的学生安东尼奥·米尼从防卫最松的正义门中逃出。”

数日后，米开朗琪罗说：

“究竟是神在指使我抑是魔鬼在捉弄我，我不明白。”

他惯有的恐怖毕竟是虚妄的。可是他在路过卡斯泰尔诺沃时，对前长官卡波尼说了一番惊心动魄的话，把他的遭遇和预测叙述得那么骇人，以至于这老人竟于数日之后惊悸致死。据塞格尼记载。可见他那时正处在如何可怕的境界。

9月23日，米开朗琪罗到费拉雷地方。在狂乱中，他拒绝了当地大公的邀请，不愿住到他的宫堡中去，他继续逃。9月25日，他到威尼斯。当地的诸侯得悉之下，立刻派了两个使者去见他，招待他；但又是惭愧又是犷野，他拒绝了，远避在朱得卡。他还自以为躲避得不够远。他要逃亡到法国去。他到威尼斯的当天，就写了一封急切的信，给为法王弗朗西斯一世在意大利代办艺术品的朋友巴蒂斯塔·德拉·帕拉：

“巴蒂斯塔，至亲爱的朋友，我离开了翡冷翠要到法国去；到了威尼斯，我询问路径：人家说必得要经过德国的境界，这于我是危险而艰难的路。你还有意到法国去吗？……请你告诉我，请你告诉我你要我在何处等你，我们可以同走……我请求你，收到此信后给我一个答复，愈快愈好，因为我去法之念甚急，万一你已无意去，那么也请告知，以便我以任何代价单独前往……”**一五二九年九月二十五日致巴蒂斯塔·德拉·帕拉书。**

驻威尼斯法国大使拉扎雷·特·巴尔夫急急写信给弗朗西斯一世和蒙莫朗西元帅，促他们乘机把米开朗琪罗邀到法国宫廷中去留住他。法王立刻向米开朗琪罗致意，愿致送他一笔年俸一座房屋。但信札往还自然要费去若干时日，当弗朗西斯一世的复信到时，米开朗琪罗已回到翡冷翠去了。

疯狂的热度退尽了，在朱得卡静寂的居留中，他仅有闲暇为他的恐怖暗自惭愧。他的逃亡，在翡冷翠喧传一时，9 月 30 日，翡冷翠执政官下令一切逃亡的人如于 10 月 7 日前不回来，将处以叛逆罪。在固定的那天，一切逃亡者果被宣布为叛逆，财产亦概行籍没。然而米开朗琪罗的名字还没有列入那张表；执政官给他一个最后的期限，驻费拉雷的翡冷翠大使加莱奥多·朱尼通知翡冷翠共和邦，说米开朗琪罗得悉命令的时候太晚了，如果人家能够宽赦他，他准备回来。执政官答应原宥米开朗琪罗；他又托斫石匠巴斯蒂阿诺·迪·弗朗切斯科把一张居留许可证带到威尼斯交给米开朗琪罗，同时转交给他十封朋友的信，都是要求他回去的。**一五二九年十月**

二十二日。在这些信中，宽宏的巴蒂斯塔·德拉·帕拉尤其表示出爱国的热忱：

“你一切的朋友，不分派别地、毫无犹豫地、异口同声地渴望你回来，为保留你的生命、你的母国、你的朋友、你的财产与你的荣誉，为享受这一个你曾热烈地希望的新时代。”

他相信翡冷翠重新临到了黄金时代，他满以为光明前途得胜了。——实际上，这可怜人在梅迪契宗族重新上台之后却是反动势力的第一批牺牲者中的一个。

他的一番说话把米开朗琪罗的意念决定了。幸而他回来了——很慢的；因为到卢克奎地方去迎接他的巴蒂斯塔·德拉·帕拉等了他好久，以至于开始绝望了。他又致书米开朗琪罗，敦促他回去。11月20日，米开朗琪罗终于回到了翡冷翠。数日前，他的俸给被执政官下令取消了。23日，他的判罪状由执政官撤销了，但予以三年不得出席大会议的处分。据米氏致皮翁博书中言，他亦被判处缴纳一千五百金币的罚金充公。

从此，米开朗琪罗勇敢地尽他的职守，直至终局。他重新去就圣米尼亚托的原职，在那里敌人们已轰炸了一个月；他把山岗重新筑固，发明新的武器，把棉花与被褥覆蔽着钟楼，这样，那著名的建筑物才得免于难。米氏在致弗朗西斯科·特·奥兰达书中述道：“当教皇克雷芒与西班牙军队联合围攻翡冷翠时，这般敌军被我安置在钟楼上的机器挡住了长久。一夜，我在墙的外部覆盖了羊毛袋；又一夜，我令人掘就陷坑，安埋火药，以炸死嘉斯蒂人；我把他们的断腿残臂一直轰到半空……瞧啊！这是绘画的用途！它用作战争的器械与工具；它用来使轰炸与手铳得有适当的形式；它用来建造桥梁制作云梯；它尤其用来构成要塞、炮垒壕沟、陷坑与对抗的配置图……”（见弗朗西斯科·特·奥兰达著《论罗马城中的绘画》第三编，一五四九年）人们所得到他在围城中的最后的活动，是1530年2月22日的消息，说他爬在大寺的圆顶上，窥测敌人的行动和视察穹隆的情状。

可是预料的灾祸毕竟临到了。1530年8月2日，马拉泰斯塔·巴利翁反叛了。12日，翡冷翠投降了，城市交给了教皇的使者巴乔·瓦洛里。于是杀戮开始了。最初几天，什么也阻不了战胜者的报复行为；米开朗琪罗的最好的友人们——巴蒂斯塔·德拉·帕拉——最先被杀。据说，米开朗琪罗藏在阿尔诺河对岸圣尼科洛教堂的钟楼里。他确有恐惧的理由：谣言说他曾欲毁掉梅迪契宫邸。但克雷芒七世一点没有丧失对于他的感情。据皮翁博说，教皇知道了米开朗琪罗在围城时的情形后，表示非常不快；但他只耸耸肩说：“米开朗琪罗不该如此；我从没伤害过他。”一五三一年四月二十九日皮翁博致米氏书。当最初的怒气消降的时候，克雷芒立刻写信到翡冷翠，他命人寻访米开朗琪罗，并言如他仍愿继续为梅迪契墓工作，他将受到他应受的待遇。孔迪维记载——一五三〇年十二月十一日起，教皇把米开朗琪罗的月俸恢复了。

米开朗琪罗从隐避中出来，重新为他所抗拒的人们的光荣而工作。可怜的人所做的事情还不止如此呢：他为巴乔·瓦洛里那个为教皇做坏事的工具，和杀掉米氏的好友巴蒂斯塔·德拉·帕拉那凶手，雕塑《抽箭的阿波罗》。一五三〇年秋，此像现存翡冷翠国家美术馆。不久，他更进一步，竟至否认那些流戍者曾经是他的朋友。一五四四年。一个伟大的人物的可哀的弱点，逼得他卑怯地在物质的暴力前面低首，为的要使他的艺术梦得以保全。他的所以把他的暮年整个地献在为使徒彼得建造一座超人的纪念物上面实非无故：因他和彼得一样，曾多少次听到鸡鸣而痛哭。

被逼着说谎，不得不去谄媚一个瓦洛里，颂赞洛伦佐和朱利阿诺，他的痛苦与羞愧同时迸发。他全身投入工作中，他把一切虚无的狂乱发泄在工作中。即在他一生最惨淡的几年中，米开朗琪罗的粗野的天性对于一向压制着他的基督教的悲观主义突起反抗，他制作大胆的异教色彩极浓厚的作品，如《鹅狎戏着的丽达》（一五二九年至一五三〇年），本是为费拉雷大公画的，后来米氏赠给了他的学生安东尼奥·米尼，他把它携到法国，据说是在一六四三年被诺瓦耶的叙布莱特嫌其放浪而毁掉的。稍后，米开朗琪罗又为人绘《爱神抚摩着的维纳斯》图稿。尚有两幅极猥亵的素描，大概亦是同时代的。他绝非在雕塑梅迪契宗室像，而是在雕塑他的绝望的像。当人家和他提及他的洛伦佐与朱利阿诺的肖像并不肖似时，他美妙地答道：“千年后谁还能看出肖似不肖似？”一个，他雕作“行动”；另一个，雕作“思想”：台座上的许多像仿佛是两座主像的注释——《日》与《夜》，《晨》与《暮》——说出一切生之苦恼与憎厌。这些人类痛苦的不朽的象征在1531年完成了。《夜》大概是于一五三〇年秋雕塑，于一五三一年春完成的；《晨》完成于一五三一年九月；《日》与《暮》又稍后。无上的讥讽啊！可没有一个人懂得。乔凡尼·斯特罗齐看到这可惊的《夜》时，写了下列一首诗：

“夜，为你所看到妩媚地睡着的夜，却是由一个天使在这块岩石中雕成的；她睡着，故她生存着。如你不信，使她醒来罢，她将与你说话。”

米开朗琪罗答道：

“睡眠是甜蜜的。成为顽石更是幸福，只要世上还有罪恶与耻辱的时候。不见不闻，无知无觉，于我是最大的欢乐：因此，不要惊醒我，啊！讲得轻些吧！”诗集卷一百〇九第十六、十七两首。——弗莱推定二诗是作于一五四五年。

在另一首诗中他又说：“人们只能在天上睡眠，既然多少人的幸福只有一个人能体会到！”而屈服的翡冷翠来呼应他的呻吟了：

“在你圣洁的思想中不要惶惑。相信把我从你那里剥夺了的人不会长久享受他的罪恶的，因为他中心惴惴，不能无惧。些许的欢乐，对于爱人们是一种丰满的享乐，会把他们的欲念熄灭，不若苦难会因了希望而使欲愿增长。”诗集卷一百〇九第四十八首。米开朗琪罗在此假想着翡冷翠的流亡者中间的对白。

《日》

《夜》

《晨》

在此，我们应得想一想当罗马被掠与翡冷翠陷落时的心灵状态：理智的破产与崩溃。许多人的精神从此便堕入哀苦的深渊，一蹶不振。

皮翁博变成一个享乐的怀疑主义者：

“我到了这个地步：宇宙可以崩裂，我可以不注意，我笑一切……我觉得已非罗马被掠前的我，我不复能回复我的本来了。”一五三一年二月二十四日皮翁博致米氏书，这是罗马被掠后第一次写给他的信：“神知道我真是多少快乐，当经过了多少灾患、多少困

《暮》

苦和危险之后，强有力的主宰以他的恻隐之心，使我们仍得苟延残喘；我一想起这，不禁要说这是一件灵迹了……此刻，我的同胞，既然出入于水火之中，经受到意想不到的事情，我们且来感谢神吧，而这虎口余生至少也要竭力使它在宁静中度过了吧。只要幸运是那么可恶那么痛苦，我们便不应该依赖它。”那时他们的信札要受检查，故他嘱咐米开朗琪罗假造一个签名式。

米开朗琪罗想自杀。

“如果可以自杀，那么，对于一个满怀信仰而过着奴隶般的悲惨生活的人，最应该给他这种权利了。”诗集卷三十八。

他的精神正在动乱。1531 年 6 月他病了。克雷芒七世竭力抚慰他，可是徒然。他令他的秘书和皮翁博转劝他不要劳作过度，勉力节制，不时出去散步，不要把自己压制得如罪人一般。一五三一年六月二十日皮耶尔·保罗·马尔齐致米氏书；一五三一年六月十六日皮翁博致米氏书。1531 年秋，人们担忧他的生命危险。他的一个友人写信给瓦洛里道：“米开朗琪罗衰弱瘦瘠了。我最近和布贾尔迪尼与安东尼奥·米尼谈过：我们一致认为如果人家不认真看护他，他将活不了多久。他工作太过，吃得太少太坏，睡得更少。一年以来，他老是为头痛与心病侵蚀着。”一五三一年九月二十九日乔凡尼·巴蒂斯塔·迪·保罗·米尼致瓦洛里书。——克雷芒七世认真地不安起来：1531 年 11 月 21 日，他下令禁止米开朗琪罗在尤利乌斯二世陵墓与梅迪契墓之外更做其他的工作，否则将驱逐出教，他

《力行者》(《内穆尔公爵像》)

《思想者》(《乌尔比诺公爵像》)

以为如此方能调养他的身体，“使他活得更长久，以发扬罗马、他的宗族与他自己的光荣”。

他保护他，不使他受瓦洛里和一般乞求艺术品的富丐们的纠缠，因为他们老是要求米开朗琪罗替他们做新的工作。他和他说：“人家向你要求一张画时，你应当把你的笔系在脚下，在地上画四条痕迹，说：‘画完成了。’”一五三一年十一月二十六日贝韦努托·德拉·沃尔帕雅致米氏书。当尤利乌斯二世的承继人对于米开朗琪罗实施恫吓时，他又出面调解。一五三二年三月十五日皮翁博致米氏有言：“如你没有教皇为你作后盾，他们会如毒蛇一般跳起来噬你了。”1532年，米开朗琪罗和他们签了第四张关于尤利乌斯陵墓的契约：米开朗琪罗承应重新作一个极小的陵墓，在此，只有以后立在温科利的圣彼得寺前的六座像了，这六座像是开始了没有完成（《摩西》《胜利》、两座《奴隶》和《博博利石窟》）。于三年中完成，费用全归他个人负担，还须付出两千金币以偿还他以前收受尤利乌斯二世及其后人的钱。皮翁博写信给米开朗琪罗说：“只要在作品中令人闻到你的一些气息就够。”一五三二年四月六日皮翁博致米氏书。——悲哀的条件，既然他所签的约是证实他的大计划的破产，而他还须出这一笔钱！可是年复一年，米开朗琪罗在他每件绝望的作品中所证实的，确是他的生命的破产，整个“人生”的破产。

在尤利乌斯二世的陵墓计划破产之后，梅迪契墓的计划亦接着解体了，1534 年 9 月 25 日，克雷芒七世驾崩。那时，米开朗琪罗由于极大的幸运，竟不在翡冷翠城内。长久以来，他在翡冷翠度着惶虑不安的生活：因为亚历山大·特·梅迪契大公恨他。不是因为他对于教皇的尊敬，他早已遣人杀害他了。屡次，克雷芒七世不得不在他的侄子，亚历山大·特·梅迪契前回护米开朗琪罗。皮翁博讲给米氏听，说“教皇和他侄儿的说话充满了激烈的愤怒、可怖的狂乱，语气是那么严厉，难于引述”。（一五三三年八月十六日）自从米开朗琪罗拒绝为翡冷翠建造一座威临全城的要塞之后，大公对他的怨恨更深了——可是对于米开朗琪罗这么胆怯的人，这举动确是一桩勇敢的举动，表示他对于母国的伟大的热爱；因为建造一座威临全城的要塞这件事，是证实翡冷翠对于梅迪契的屈服啊！——自那时起，米开朗琪罗已准备听受大公方面的任何处置，而在克雷芒七世薨后，他的生命，亦只是靠偶然的福，那时他竟住在翡冷翠城外。孔迪维记载。从此他不复再回到翡冷翠去了。他永远和它诀别了。——梅迪契的家庙算是完了，它永没完成。我们今日所谓的梅迪契墓，和米开朗琪罗所幻想的，只有若干细微的关系而已。它仅仅遗下壁上装饰的轮廓。不独米开朗琪罗没有完成预算中的雕像和绘画的半数；米开朗琪罗部分地雕了七座像（洛伦佐·特·乌尔比诺与朱利阿诺·特·内穆尔的两座坟墓、《圣母像》）。他预定的“江河四座像”没有开始；而“高贵的”洛伦佐与他的兄弟朱利阿诺的墓像，他放弃给别人做了。——一五六三年三月十七日，瓦萨里问米开朗琪罗，他当初想如何布置壁画。且当他的学生们以后要重新觅得他的思想的痕迹而加以补充的时候，他连自己也不能说出它们当初的情况了：是这样地放弃了他一切的计划，他一切都遗忘了。人们甚至不知道把已塑的像放在何处，而空的壁龛中又当放入何像。受科斯梅一世之命去完成这件米氏未完之作的瓦萨里与阿马纳蒂写信问他，可是他竟想不起来了。一五五七年八月米开朗琪罗写道："记忆与思想已跑在我的前面，在另一世界中等我去了。"

1534年9月23日米开朗琪罗重回罗马，在那里一直逗留到死。一五四六年三月二十日，米开朗琪罗享有罗马士绅阶级的名位。他离开罗马已二十一年了。在这二十一年中，他做了尤利乌斯二世墓上的三座未完成的雕像，梅迪契墓上的七座未完成的雕像，洛伦佐教堂的未完成的穿堂，圣·玛丽·德拉·米涅瓦寺的未完成的《基督》，为巴乔·瓦洛里作的未完成的《阿波罗》。他在他的艺术与故国中丧失了他的健康、他的精力和他的信心。他失掉了他最爱的一个兄弟。指一五二八年在大疫中死亡的博纳罗托。他失掉了他极孝的父亲。一五三四年六月。他写了两首纪念两人的诗，和他其余的一样亦是未完之作，可是充满了痛苦与死的憧憬的热情：

"……上天把你从我们的苦难中拯救出去了。可怜我吧，我这如死一般生存着的人！……你是死在死中，你变为神明了；你不复惧怕生存与欲愿的变化：（我写到此怎能不艳羡呢？……）命运与时间原只能赐予我们不可靠的欢乐与切实的忧患，但它们不敢跨入你们的国土。没有一些云翳会使你们的光明阴暗；以后的时间不再对你们有何强暴的行为了，‘必须’与‘偶然’不再役使你们了。黑夜不会熄灭你们的光华；白日不论它如何强烈也绝不会使光华增强……我亲爱的父亲，由于你的死，我学习了死……死，并不如人家所信的那般坏，因为这是人生的末日，亦是到另一世界去皈依神明的第一日，永恒的第一日。在那里，我希望，我相信我能靠了神的恩宠而重新见到你，如果我的理智把我冰冷的心从尘土的纠葛中解放出来，如果像一切德行般，我的理智能在天上增长父子间的至高的爱的话。”**诗集卷五十八**。

人世间更无足以羁留他的东西了：艺术、雄心、温情，任何希冀都不能使他依恋了。他六十岁，他的生命似乎已经完了。他孤独着，他不复相信他的作品了；他对于“死”患着相思病，他热望终于能逃避“生存与欲念的变化”“时间的暴行”和“必须与偶然的专制”。

“可怜！可怜！我被已经消逝的我的日子欺罔了……我等待太久了……时间飞逝而我老了。我不复能在死者身旁忏悔与反省了……我哭泣也徒然……没有一件不幸可与失掉的时间相比的了……

“可怜！可怜！当我回顾我的以往时，我找不到一天是属于我的！虚妄的希冀与欲念——我此刻是认识了——把我羁绊着，使我哭、爱、激动、叹息（因为没有一件致命的情感为我所不识得），远离了真理……

“可怜！可怜！我去，而不知去何处；我害怕……如我没有错误的话（啊！请神使我错误了吧！），我看到，主啊，我看到，认识善而竟作了恶的我，是犯了如何永恒的罪啊！而我只知希望……”**诗集卷四十九。**

下篇·舍弃

一、爱情

在这颗残破的心中，当一切生机全被剥夺之后，一种新生命开始了，春天重又开了鲜艳的花朵，爱情的火焰燃烧得更鲜明。但这爱情几乎全没有自私与肉感的成分。这是对于卡瓦列里的美貌的神秘的崇拜。这是对于维多利亚·科隆娜的虔敬的友谊——两颗灵魂在神明的境域中的沟通。这是对于他的无父的侄儿们的慈爱，和对于孤苦茕独的人们的怜悯。

米开朗琪罗对于卡瓦列里的爱情确是为一般普通的思想——不论是质直的或无耻的——所不能了解的。即在文艺复兴末期的意大利，它亦引起种种难堪的传说；讽刺家拉莱廷（L'Arétin，1492—1557）甚至把这件事作种种污辱的讽喻。米开朗琪罗的侄孙于一六二三年第一次刊行米氏的诗集时，不敢把他致卡瓦列里的诗照原文刊入。他要令人相信这些诗是给一个女子的。即在近人的研究

米开朗琪罗素描

中，尚有人以为卡瓦列里是维多利亚·科隆娜的假名。但是拉莱廷般的诽谤——这是永远有的——绝不能加诸米开朗琪罗。“那些人把他们自己污浊的心地来造成一个他们的米开朗琪罗。”一五四二年十月米开朗琪罗书（收信人不详）。

没有一颗灵魂比米开朗琪罗的更纯洁。没有一个人对于爱情的观念有那么虔敬。

孔迪维曾说：

“我时常听见米开朗琪罗谈起爱情：在场的人都说他的言论全然是柏拉图式的。为我，我不知道柏拉图的主张；但在我和他那么长久那么亲密的交谊中，我在他口中只听到最可尊敬的言语，可以抑灭青年人的强烈的欲火的言语。”

可是这柏拉图式的理想并无文学意味也无冷酷的气象：米开朗琪罗对于一切美的事物，总是狂热的沉溺的，他之于柏拉图式的爱的理想亦是如此。他自己知道这点，故他有一天在谢绝他的友人贾诺蒂的邀请时说：

“当我看见一个具有若干才能或思想的人，或一个为人所不为、言人所不言的人时，我不禁要热恋他，我可以全身托付给他，以至我不再是属于我的了。……你们大家都是那么富有天禀，如果我接受你们的邀请，我将失掉我的自由；你们中每个人都将分割我的一部分。即是跳舞与弹琴的人，如果他们擅长他们的艺术，我亦可听凭他们把我摆布！你们的做伴，不但不能使我休息、振作、镇静，

反将使我的灵魂随风飘零；以至于几天之后，我可以不知道死在哪个世界上。”见多纳托·贾诺蒂著《对话录》。（一五四五年）

思想言语声音的美既然如此诱惑他，肉体的美丽将更如何使他依恋呢！

“美貌的力量于我是怎样的刺激啊！

世间更无同等的欢乐了！”诗集卷一百四十一。

对于这个美妙的外形的大创造家——同时又是有信仰的人——一个美的躯体是神明般的，是蒙着肉的外衣的神的显示。好似摩西之于“热烈的丛树”[①]一般，他只颤抖着走近它。他所崇拜的对象于他真是一个偶像，如他自己所说的。他在他的足前匍匐膜拜；而一个伟人自愿的屈服即是高贵的卡瓦列里也受不了，更何况美貌的偶像往往具有极庸俗的灵魂，如波焦呢！但米开朗琪罗什么也看不见……他真正什么也看不见吗？——他是什么也不愿看见；他要在他的心中把已经勾就轮廓的偶像雕塑完成。

他最早的理想的爱人，他最早的生动的美梦，是1522年时代的佩里尼。佩里尼尤其被拉莱廷攻击得厉害。弗莱曾发表他的若干封一五二二年时代的颇为温柔的信：“……当我读到你的信时，我觉得和你在一起：这是我唯一的愿望啊！”他自称为“你的如儿子一般的……”——米开朗琪罗的一首抒写离别与遗忘之苦的诗似乎是致献给他的：“即在这里，我的爱使我的心与生命为之欢

① 《旧约》，记摩西于热烈的丛树中见到神的显灵。

米开朗琪罗素描

米开朗琪罗素描局部

欣。这里，他的美眼应允助我，不久，目光却移到别处去了。这里，他和我关联着；这里他却和我分离了。这里，我无穷哀痛地哭，我看见他走了，不复顾我了。”1533年他又恋着波焦；1544年，恋着布拉奇。米开朗琪罗认识卡瓦列里年余之后才恋爱波焦；一五三三年十二月他写给他狂乱的信与诗，而这坏小子波焦却在复信中问他讨钱。至于布拉奇，他是卢伊吉·德尔·里乔的朋友，米开朗琪罗认识了卡瓦列里十余年后才认识他的。他是翡冷翠的一个流戍者的儿子，一五四四年时在罗马夭折了。米开朗琪罗为他写了四十八首悼诗，可说是米开朗琪罗诗集中最悲怆之作。因此，他对于卡瓦列里的友谊并非专一的，但确是持久而达到狂热的境界的，不独这位朋友的美姿值得他那么颠倒，即是他的德行的高尚也值得他如此尊重。

瓦萨里曾言：“他爱卡瓦列里甚于一切别的朋友。这是一个生在罗马的中产者，年纪很轻，热爱艺术。米开朗琪罗为他做过一个肖像——是米氏一生唯一的画像，因为他痛恨描画生人，除非这人是美丽无比的时候。”

瓦尔基又说：“我在罗马遇到卡瓦列里先生时，他不独是具有无与伦比的美貌，而且举止谈吐亦是温文尔雅，思想出众，行动高尚，的确值得人家的爱慕，尤其是当人们认识他更透彻的时候。”见瓦尔基著《讲课二篇》。（一五四九年）

米开朗琪罗于1532年秋在罗马遇见他。他写给他的第一封信，充满了热情的诉白，卡瓦列里的复信（**一五三三年一月一日卡瓦列里致米开朗琪罗书**）亦是十分尊严：

“我收到你的来信，使我十分快慰，尤其因为它是出我意外的缘故；我说：出我意外，因为我不相信值得像你这样的人写信给我。至于称赞我的话，和你对于我的工作表示极为钦佩的话，我可回答你：我的为人与工作，绝不能令一个举世无双的天才如你一般的人——我说举世无双，因为我不信你之外更有第二个——对一个启蒙时代的青年说出那样的话。可是我亦不相信你对我说谎。我相信，是的，我确信你对于我的感情，确是像你那样一个艺术的化身者。对于一切献身艺术爱艺术的人们所必然地感到的。我是这些人中的一个，而在爱艺术这一点上，我确是不让任何人。我回报你的盛情，我应允你：我从未如爱你一般地爱过别人，我从没有如希冀你的友谊一般希冀别人……我请你在我可以为你效劳的时候驱使我，我永远为你驰驱。”

你的忠诚的　托马索·卡瓦列里

卡瓦列里似乎永远保持着这感动的但是谨慎的语气。他直到米开朗琪罗临终的时候一直对他是忠诚的，他并且在场送终。米开朗琪罗也永远信任他；他是被认为唯一的影响米开朗琪罗的人，他亦利用了这信心与影响为米氏的幸福与伟大服役。是他使米开朗琪罗决定完成圣彼得大寺穹隆的木雕模型。是他为我们保留下米开朗琪罗为穹隆构造所装的图样，是他努力把它实现。而且亦是他，在米开朗琪罗死后，依着他亡友的意志监督工程的实施。

但米开朗琪罗对他的友谊无异是爱情的疯狂。他写给他无数的激动的信。他是俯伏在泥尘里向偶像申诉。卡瓦列里的第一封信，米开朗琪罗在当天（即一五三三年一月一日）即答复他。这封信一共留下三份草稿。在其中一份草稿的补白中，米开朗琪罗写着“在此的确可以用为一个人献给另一个人的事物的名词；但为了礼制，这封信里可不能用”——在此显然是“爱情”这名词了。他称他“一个有力的天才……一件灵迹……时代的光明”；他哀求他“不要轻蔑他，因为他不能和他相比，没有人可和他对等”。他把他的现在与未来一齐赠给他；他更说：“这于我是一件无穷的痛苦：我不能把我的以往也赠予你以使我能服侍你更长久，因为未来是短促的：我太老了……”一五三三年一月一日米氏致卡瓦列里书。“我相信没有东西可以毁坏我们的友谊，虽然我出言僭越；因为我还在你之下。”一五三三年七月二十八日米氏致卡瓦列里书的草稿。“……我可以忘记你的名字如忘记我借以生存的食粮一般；是的，我比较更能忘记毫无乐趣地支持我肉体的食粮，而不能忘记支持我灵魂与肉体的你的名字……它使我感到那样甘美甜蜜，以至于我在想起你的时间内，我不感到痛苦，也不畏惧死。”一五三三年七月二十八日米氏致卡瓦列里书。“——我的灵魂完全处在我把它给予的人的手中……”米氏致巴尔特洛梅奥·安焦利尼书。“如我必得要停止思念他，我信我立刻会死。”米氏致皮翁博书。

他赠给卡瓦列里最精美的礼物：

“可惊的素描，以红黑铅笔画的头像，他在教他学习素描的用意中绘成的。其次，他送给他一座《被宙斯的翅翼举起的甘尼米》，一座《提提厄斯》[①]和其他不少最完美的作品。”瓦萨里记载。

他也寄赠他十四行诗，有时是极美的，往往是暗晦的，其中的一部分，不久便在文学团体中有人背诵了，整个意大利都吟咏着。瓦尔基把两首公开了，以后他又在《讲课二篇》中刊出。——米开朗琪罗并不把他的爱情保守秘密，他告诉巴尔特洛梅奥·安焦利尼、皮翁博。这样的友谊一些也不令人惊奇。当布拉奇逝世时，里乔向着所有的朋友发出他的爱与绝望的呼声：“哟！我的朋友多纳托！我们的布拉奇死了。整个罗马在哭他。米开朗琪罗为我计划他的纪念物。请你为我写一篇祭文，写一封安慰的信给我：我的悲苦使我失掉了理智。耐心啊！每小时内，整千的人死了。喔神！命运怎样地改换了它的面目啊！”（一五四四年正月致多纳托·贾诺蒂书）人家说下面一首是“十六世纪意大利最美的抒情诗”：谢拂莱尔言。

“由你的慧眼，我看到为我的盲目不能看到的光明。你的足助我担荷重负，为我痿疲的足所不能支撑的。由你的精神，我感到往天上飞升。我的意志全包括在你的意志中。我的思想在你的心中形成，

① 甘尼米，宙斯神的侍酒童子；提提厄斯，希腊神话的巨人，为阿波罗神和阿尔特弥斯女神射死，因他企图施暴母亲勒托。

米开朗琪罗素描

我的言语在你喘息中吐露。孤独的时候，我如月亮一般，只有在太阳照射它时才能见到。”**诗集卷一百〇九第十九首**。

另外一首更著名的十四行诗，是颂赞完美的友谊的最美的歌词：

“如果两个爱人中间存在着贞洁的爱情，高超的虔敬，同等的命运，如果残酷的命运打击一个时也同时打击别个，如果一种精神一种意志统治着两颗心，如果两个肉体上的一颗灵魂成为永恒，把两个以同一翅翼挟带上天，如果爱神在一支箭上同时射中了两个人的心，如果大家相爱，如果大家不自爱，如果两人希冀他们的快乐与幸福得有同样的终局，如果千万的爱情不能及他们的爱情的百分之一，那么一个怨恨的动作会不会永远割裂了他们的关联？”**诗集卷四十四**。

这自己的遗忘，这把自己的全生命融入爱人的全生命的热情，并不是永远清明宁静的。忧郁重又变成主宰；而被爱情控制着的灵魂，在呻吟着挣扎：

“我哭，我燃烧，我磨难自己，我的心痛苦死了……”**诗集卷五十二**。

他又和卡瓦列里说：“你把我生的欢乐带走了。”**诗集卷一百〇九第十八首**。

对于这些过于热烈的诗，“温和的被爱的主”**诗集卷一百**卡瓦列里却报以冷静的安定的感情。**诗集卷一百〇九第十八首**。这种友谊的夸张使他暗中难堪。米开朗琪罗求他宽恕：

“我亲爱的主，你不要为我的爱情愤怒，这爱情完全是奉献给你最好的德行的；因为一个人的精神应当爱慕别个人的精神。我所愿欲的，我在你美丽的姿容上所获得的，绝非常人所能了解的。谁要懂得它应当先认识死。”诗集卷五十。

当然，这爱美的热情只有诚实的份儿。可是这热烈的惶乱在一首十四行诗中，米开朗琪罗要把他的皮蒙在他的爱人身上；他要成为他的鞋子，把他的脚载着去踏雪。而贞洁的爱情的对象，全不露出癫狂与不安的情态。

在这些心力交瘁的年月之后——绝望地努力要否定他的生命的虚无而重创出他渴求的爱——幸而有一个女人的淡泊的感情来抚慰他，她了解这孤独的迷失在世界上的老孩子，在这苦闷欲死的心魂中，她重新灌注入若干平和、信心、理智和凄凉的接受生与死的准备。

1533年至1534年，米开朗琪罗对于卡瓦列里的友谊达到了顶点。尤其在一五三三年六月至十月，当米开朗琪罗回到翡冷翠，与卡瓦列里离开的时节。1535年，他开始认识维多利亚·科隆娜。

她生于1492年。她的父亲叫作法布里齐奥·科隆纳，是帕利阿诺地方的诸侯，塔利亚科佐亲王。她的母亲，阿涅斯·特·蒙泰费尔特罗，便是乌尔比诺亲王的女儿。她的门第是意大利最高贵

米开朗琪罗素描

米开朗琪罗素描

米开朗琪罗素描

的门第之一，亦是受着文艺复兴精神的熏沐最深切的一族。十七岁时，她嫁给佩斯卡拉侯爵、大将军弗朗切斯科·特·阿瓦洛。她爱他，他却不爱她。她是不美的。**人家把许多肖像假定为米开朗琪罗替维多利亚作的，其实都没有根据。**人们在小型浮雕像上所看到的她的面貌是男性的，意志坚强的，严峻的：额角很高，鼻子很长很直，上唇较短，下唇微向前突，嘴巴紧闭。认识她而为她作传的菲洛尼科·阿利尔卡纳塞奥虽然措辞婉约，但口气中也露出她是丑陋的：“当她嫁给佩斯卡拉侯爵的时候，她正努力在发展她的思想；因为她没有美貌，她修养文学，以获得这不朽的美，不像会消逝的其他的美一样。”——她是对于灵智的事物抱有热情的女子。在一首十四行诗中，她说“粗俗的感官，不能形成一种和谐以产生高贵心灵的纯洁的爱，它们绝不能引起她的快乐与痛苦……鲜明的火焰，把我的心升华到那么崇高，以至于卑下的思想会使它难堪”。——实在她在任何方面也不配受那豪放而纵欲的佩斯卡拉的爱的；然而，爱的盲目竟要她爱他，为他痛苦。

她的丈夫在他自己的家里就欺骗她，闹得整个那不勒斯都知道，她为此感到残酷的痛苦。可是，当他在1525年死去时，她亦并不觉得安慰。她遁入宗教，赋诗自遣。她度着修道院生活，先在罗马，继在那不勒斯，**那时代她的精神上的导师是凡龙纳地方的主教马泰奥·吉贝尔蒂，他是有意改革宗教的第一人。他的秘书便是弗朗切斯科·贝尔尼。**但她早先并没完全脱离社会的意思：她寻求的孤独只是要完全沉浸入她的爱的回忆中，为她在诗中歌咏的。她和意大利的一些大作家萨多莱特、贝姆博、卡斯蒂廖内等都有来往，卡斯蒂廖内把他的著作《侍臣论》付托给她，阿里奥斯托在他的《疯狂的奥兰多》中称颂她。1530 年，她的十四行诗流传于整个意大利，在当时女作家中获得唯一的光荣的地位。隐在伊斯基亚荒岛上，她在和谐的海中不绝地歌唱她的蜕变的爱情。

但自 1534 年起，宗教把她完全征服了。基督旧教的改革问题，在避免教派分裂的范围内加以澄清的运动把她鼓动了。我们不知她曾是否在那不勒斯认识胡安 · 特 · 瓦尔德斯；胡安 · 特 · 瓦尔德斯是西班牙王查理－昆特的亲信秘书的儿子，自一五三四年起住在那不勒斯，为宗教改革运动的领袖。许多有名的贵妇都聚集在他周围。他死于一五四一年，据说在那不勒斯，他的信徒共有三千数人之众。但她确被锡耶纳的奥基诺的宣道所激动；奥基诺，有名的宣道者，加波生教派的副司教，一五三九年成为瓦尔德斯的朋友，瓦氏受他的影响很多。虽然被人控告，他在那不勒斯、罗马、威尼斯仍继续他的大胆的宣道，群众拥护他不使他受到教会的限制。一五四二年，他正要被人以路德派党徒治罪时，自翡冷翠逃往费拉雷，又转往日内瓦，在日内瓦他改入了新教。他是维多利亚 · 科隆娜的挚友；在离去意大利时，他在一封亲密的信里把他的决心告诉了她。她是皮耶特罗 · 卡尔内塞基、吉贝尔蒂、萨多莱特、雷吉纳尔德 · 波莱和改革派中最伟大的嘎斯帕雷 · 孔塔里尼主教们的朋友；皮耶特罗·卡尔内塞基是克雷芒七世的秘书官，亦是瓦尔德斯的朋友与信徒，一五四六年，第一次被列入异教判罪人名单，一五六七年在罗马被焚死。他和维多利亚·科隆娜来往甚密。嘎斯帕雷·孔塔里尼是威尼斯的世家子，初任威尼斯、荷兰、英国、西班牙及教皇等的大使。一五三五年，教皇保罗三世任为大主教。一五四一年被派出席北欧国际会议。他和新教徒们不洽，一方面又被旧教徒猜疑。失望归来，一五四二年八月死于博洛尼亚。这孔塔里尼主教曾想和新教徒们建立一种适当的妥协，曾经写出这些强有力的句子：

“基督的法律是自由的法律……凡以一个人的意志为准绳的政府不能称之为政府；因为它在原质上便倾向于恶而且受着无数情欲的拨弄。不！一切主宰是理智的主宰。他的目的在以正当的途径引领一切服从他的人到达他们正当的目的：幸福。教皇的权威也是一种理智的权威。一个教皇应该知道他的权威是施用于自由人的。他不应该依了他的意念而指挥，或禁止，或豁免，但应该只依了理智的规律、神明的命令、爱的原则而行事。”亨利·索德所述。

维多利亚，是联合着全意大利最精纯的意识的这一组理想主义中的一员。她和勒内·特·费拉雷与玛格丽特·特·纳瓦雷们通信；以后变成新教徒的皮耶尔·保罗·韦尔杰廖称她为“一道真理的光”。——但当残忍的卡拉法所主持的反改革运动开始时，她堕入可怕的怀疑中去了。卡拉法是基耶蒂的主教，于一五二四年创造希阿廷教派；一五二八年，在威尼斯组织反宗教改革运动团体。他初时以大主教资格，继而在一五五五年起以教皇资格严厉执行新教徒的判罪事宜。她是，如米开朗琪罗一样，一颗热烈而又怯弱的灵魂；她需要信仰，她不能抗拒教会的权威。“她持斋、绝食、苦修，以至她筋骨之外只包裹着一层皮。”一五六六年，卡尔内塞基在异教徒裁判法庭供述语。她的朋友，波莱主教叫她抑制她的智慧的骄傲，因了神而忘掉她自己的存在：这样她才稍稍重新觅得平和。雷吉纳尔德·波莱自英国逃出，因为他与英王亨利八世冲突之故；一五三二年他经过威尼斯，成为孔塔里尼的契友，以后被教皇保罗三世任为大主教。为人和蔼柔婉，他终于屈服在反改革运动之下，把孔塔里尼派的自由思想者重新引入旧教。自一五四一年至一五四四年，维多利亚·科隆娜完全听从他的指导——一五五四年，他又重回英国，于一五五八年死。她用了牺牲的精神做这一切……然而她还不止牺牲她自己！她还牺牲和她一起的朋友，她牺牲奥基诺，把他的文字送到罗马的裁判异教徒机关中去；如米开朗琪罗一般，这伟大的心灵为恐惧所震破了。她把她良心的责备掩藏在一种绝望的神秘主义中：

“你看到我处在愚昧的混沌中，迷失在错误的陷阵里，肉体永远劳动着要寻觅休息，灵魂永远骚乱着找求平和。神要我知道我是一个毫无价值的人，要我知道一切只在基督身上。”一五四三年十二月二十二日维多利亚·科隆娜致莫洛内主教书。

她要求死，如要求一种解放。——1547 年 2 月 25 日她死了。

在她受着瓦尔德斯与奥基诺的神秘主义熏染最深的时代，她认识了米开朗琪罗。这女子，悲哀的、烦闷的，永远需要有人做她的依傍，同时也永远需要一个比她更弱更不幸的人，使她可以在他身上发泄她心中洋溢着的母爱。她在米开朗琪罗前面掩藏着她的惶乱。外表很宁静、拘谨，她把自己所要求之于他人的平和，传递给米开朗琪罗。他们的友谊，始于 1535 年，到了 1538 年，渐趋亲密，可完全建筑在神的领域内。维多利亚四十六岁；他六十三岁。她住在罗马圣西尔韦斯德罗修院中，在平乔山岗之下。米开朗琪罗住在卡瓦洛岗附近。每逢星期日，他们在卡瓦洛岗的圣西尔韦斯德罗教堂中聚会。修士阿姆布罗焦 · 卡泰里诺 · 波利蒂诵读《圣保罗福音》，他们共同讨论着。葡萄牙画家弗朗西斯科 · 特 · 奥兰达在他的四部绘画随录中，曾把这些情景留下真切的回忆。在他的记载中，严肃而又温柔的友谊描写得非常动人。

弗朗西斯科 · 特 · 奥兰达第一次到圣西尔韦斯德罗教堂中去时，他看见佩斯卡拉侯爵夫人和几个朋友在那里谛听诵读圣书。米开朗琪罗并不在场。当圣书读毕之后，可爱的夫人微笑着向外国画家说道：

“弗朗西斯科 · 特 · 奥兰达一定更爱听米开朗琪罗的谈话。”

弗朗西斯科被这句话中伤了，答道：

“怎么，夫人，你以为我只有绘画方面的感觉吗？”

“不要这样多心，弗朗西斯科先生，”拉塔齐奥·托洛梅伊说，“侯爵夫人的意思正是深信画家对于一切都感觉灵敏。我们意大利人多么敬重绘画！但她说这句话也许是要使你听米开朗琪罗谈话时格外觉得快乐。”

弗朗西斯科道歉了。侯爵夫人和一个仆人说：

“到米开朗琪罗那边去，告诉他说我和托洛梅伊先生在宗教仪式完毕后留在这教堂里，非常凉快；如果他愿耗费若干时间，将使我们十分快慰……但，”她又说，因为她熟知米开朗琪罗的野性，“不要和他说葡萄牙人弗朗西斯科·特·奥兰达也在这里。”

在等待仆人回来的时候，他们谈着用何种方法把米开朗琪罗于他不知不觉中引上绘画的谈话；因为如果他发觉了他们的用意，他会立刻拒绝继续谈话。

“那时静默了一会儿。有人叩门了。我们大家都恐怕大师不来，既然仆人回来得那么快。但米开朗琪罗那天正在往圣西尔韦斯德罗的路上来，一面和他的学生乌尔比诺在谈哲学。我们的仆人在路上遇到了他把他引来了，这时候便是他站在门口。侯爵夫人站起来和他立谈了长久，之后才请他坐在她和托洛梅伊之间。”

弗朗西斯科·特·奥兰达坐在他旁边；但米开朗琪罗一点也不注意他——这使他大为不快；弗朗西斯科愤愤地说：

“真是，要不使人看见的最可靠的方法，便是直站在这个人的

米开朗琪罗素描

米开朗琪罗素描

面前。”

米开朗琪罗惊讶起来，望着他，立刻向他道歉，用着谦恭的态度：

“宽恕我，弗朗西斯科先生，我没有注意到你，因为我一直望着侯爵夫人。”

侯爵夫人稍稍停了一下，用一种美妙的艺术，开始和他谈着种种事情；谈话非常婉转幽密，一些也不涉及绘画。竟可说一个人围攻一座防守严固的城，围攻的时候颇为艰难，同时又是用了巧妙的艺术手腕；米开朗琪罗似一个被围的人，孔武有力，提防得很周密，到处设了守垒、吊桥、陷坑。但是侯爵夫人终于把他战败了。实在，没有人能够抵抗她。

“那么，”她说，“应得承认当我们用同样的武器，即策略，去攻袭米开朗琪罗时，我们永远是失败的。托洛梅伊先生，假若要他开不得口，而让我们来说最后一句话，那么，我们应当和他谈讼案，教皇的敕令，或者……绘画。”

这巧妙的转纽把话锋转到艺术的领土上去了。维多利亚用虔诚的态度去激动米开朗琪罗，他居然自告奋勇地开始讨论虔敬问题了。

“我不大敢向你作这么大的要求，”侯爵夫人答道，“虽然我知道你在一切方面都听从抑强扶弱的救主的教导……因此，认识你的人尊重米开朗琪罗的为人更甚于他的作品，不比那般不认识你的人称颂你的最弱的部分，即你双手作出的作品。但我亦称誉你屡次置身场外，避免我们的无聊的谈话，你并不专画那些向你请求的王公卿相达官贵人，而几乎把你的一生全献给一件伟大的作品。”

米开朗琪罗对于这些恭维的话，谦虚地逊谢，乘机表示他厌恶那些多言的人与有闲的人——诸侯或教皇——自以为可把他们的地位压倒一个艺术家，不知尽他的一生还不及完成他的功业。

接着，谈话又转到艺术的最崇高的题材方面去了，侯爵夫人以含有宗教严肃性的态度讨论着。为她，和为米开朗琪罗一样，一件艺术品无异是信心的表现。

“好的画，”米开朗琪罗说，“迫近神而和神结合……它只是神的完美的抄本、神的画笔的阴影、神的音乐、神的旋律……因此，一个画家成为伟大与巧妙的大师还是不够。我想他的生活应当是纯洁的、神圣的，使神明的精神得以统治他的思想……”见《罗马城绘画录》第一卷。

这样，他们在圣西尔韦斯德罗教堂里，在庄严宁静的会话中消磨日子，有时候，朋友们更爱到花园里去，如弗朗西斯科·特·奥兰达所描写的：“坐在石凳上，旁边是喷泉，上面是桂树的荫蔽，墙上都是碧绿的蔓藤。”在那里他们凭眺罗马，全城展开在他们的脚下。见前书第三卷。他们谈话的那天，教皇保罗三世的侄子奥克塔韦·法尔内塞娶亚历山大·特·梅迪契的寡妇为妻。那次有盛大的仪仗——十二驾古式车——在纳沃内广场上经过，全城的民众都去观光。米开朗琪罗和几个朋友躲在平和的圣西尔韦斯德罗教堂中。

可惜这些美妙的谈话并不能继续长久。佩斯卡拉侯爵夫人所经受的宗教苦闷把这些谈话突然止了。1541年，她离开罗马，去幽闭在奥尔维耶托，继而是维泰尔贝地方的修院中去。

“但她时常离开维泰尔贝回到罗马来，只是为要访问米开朗琪罗。他为她的神明的心地所感动了，她使他的精神获得安慰。他收到她的许多信，都充满着一种圣洁的温柔的爱情，完全像这样一个高贵的心魂所能写的。”孔迪维记载。——实在说来，这些并不是我们所保留着的维多利亚的信，那些信当然是高贵的，但稍带冷淡。——应该要想到她的全部通信，我们只保留着五封：一封是从奥尔维耶托发出的，一封是从维泰尔贝发的，三封是从罗马发的。(一五三九年至一五四一年)

“依了她的意念，他做了一个裸体的基督像，离开了十字架，如果没有两个天使扶掖会倒下地去的样子。圣母坐在十字架下面哭泣着，张开着手臂，举向着天。这幅画是米开朗琪罗以后所作的许多《哀悼基督》的第一幅像，也是感应这些作品的像：一五五〇年至一五五五年的翡冷翠的《基督下十字架》；一五六三年的《龙丹尼尼的哀悼基督》；一五五五年至一五六〇年的《帕莱斯特里纳的哀悼基督》。——为了对于维多利亚的爱情，米开朗琪罗也画了一个十字架上的基督像，不是死的，但是活着，面向他的在天之父喊着‘Eli！Eli’。肉体并不显得瘫痪的样子；它痉挛着在最后的痛苦中挣扎。”

现藏法国卢浮宫与英国不列颠博物馆的两张《复活》，也许亦是受着维多利亚影响的作品。——在卢浮宫的那张，力士式的基督奋激地推开墓穴的石板；他的双腿还在泥土中，仰着首，举着臂，他在热情的激动中迫向着天，这情景令人回想起《奴隶》。回到神座旁边去！离开这世界，这为他不屑一顾的惶乱的人群！终于，终于，摆脱了这无味的人生！……——不列颠博物馆中的那张素描比较更宁静，基督已经出了坟墓：他的坚实的躯干在天空翱翔；手臂交叉着，头往后仰着，眼睛紧闭如在出神，他如日光般上升到光明中去。

这样的，维多利亚为米开朗琪罗在艺术上重新打开信仰的门户。更进一步，她鼓励起米开朗琪罗的天才，为对于卡瓦列里的爱情所激醒的。那时候，米开朗琪罗开始想发刊他的诗选。他的朋友卢伊吉·德尔·里乔与多纳托·贾诺蒂给他这念头。至此为止，他一向不把他所写的东西当作重要。一五四五年起，贾诺蒂为他的诗集付梓；米开朗琪罗把他的诗加以选择；他的朋友们替他重抄。但一五四六年里乔之死与一五四七年维多利亚之死使他又不关切这付印事，他似乎认为这是一种无聊的虚荣。因此，他的诗除了一小部分外，在他生时并没印行。当代的大作曲家把他的十四行诗谱成音乐。米开朗琪罗受着但丁的感应极深。他对于古拉丁诗人亦有深切的认识，但他的情操完全是柏拉图式的理想主义，这是他的朋友们所公认的。她不独使米开朗琪罗在他对于宗教的暗晦的感觉中获得不少指示；她尤其给他一个榜样，在诗歌中唱出宗教的热情。维多利亚的《灵智的十四行诗》便是他们初期友谊中的作品。她一面写，一面寄给她的朋友。

他在这些诗中感到一种安慰、一种温柔、一种新生命。他给她唱和的一首十四行表示他对她的感激：

“幸福的精灵，以热烈的爱情，把我垂死衰老的心保留着生命，而在你的财富与欢乐之中，在那么多的高贵的灵魂中，只抬举我一个——以前你是那样地显现在我眼前，此刻你又这样地显现在我心底，为的要安慰我。……因此，受到了你慈悲的思念，你想起在忧患中挣扎的我，我为你写这几行来感谢你。如果说我给你的可怜的绘画已足为你赐予我的美丽与生动的创造的答报，那将是僭越与羞耻了。”一五五一年三月七日，米开朗琪罗写给法图奇的信中有言：“十余年前，她送给我一本羊皮小册，其中包含着一百〇三首十四行诗，她在维泰尔贝寄给我的四十首还不在内。我把它们一起装订成册……我也保有她的许多信，为她自奥尔维耶托与维泰尔贝两地写给我的。”

1544年夏，维多利亚重新回到罗马，居住在圣安娜修院中，一直到死。米开朗琪罗去看她。她热情地想念他，她想使他的生活变得舒服些有趣味些，她暗地里送他若干小礼物。但这猜疑的老人，“不愿收受任何人的礼物”，瓦萨里记载。——有一时，他和他最好的一个朋友卢伊吉·德尔·里乔龃龉，因为他送了他礼物之故。米氏写信给他说：“你的极端的好意，比你偷盗我更使我难堪。朋友之中应该要平等，如果一个给得多些，一个给得少些，那么两人便要争执起来了。”甚至他最爱的人们亦不能使他破例，他拒绝了她的馈赠。

她死了，他看着她死了。他说下面的几句，足以表明他们贞洁的爱情保守拘谨到如何程度：

“我看着她死，而我没有吻她的额与脸如我吻她的手一样，言念及此，真是哀痛欲绝！”孔迪维记载。

“维多利亚之死，”据孔迪维说，“使他痴呆了很久；他仿佛失去了一切知觉。”

“她为我实在是一件极大的财宝，”以后他悲哀地说，“死夺去了我的一个好友。”

他为她的死写了两首十四行诗。一首是完全感染柏拉图式思想的，表示他的狂乱的理想主义，仿如一个给闪电照耀着的黑夜。米开朗琪罗把维多利亚比作一个神明的雕塑家的锤子，从物质上斫炼出崇高的思想：

“我的粗笨的锤子，把坚硬的岩石有时斫成一个形象，有时斫成另一个形象，这是由手执握着、指挥着的，锤子从手那里受到动作，它被一种不相干的力驱使着。但神明的锤子，却是以它唯一的力量，在天国中创造它自己的美和别的一切的美。没有一柄别的锤子能够不用锤子而自行创造的；只有这一柄使其他的一切富有生气。因为锤子举得高，故锤击的力量愈强。所以，如果神明的锤手能够助我，他定能引我的作品到达美满的结果。迄今为止，在地上，只有她一个。”诗集卷一百〇一。

另一首十四行诗更温柔，宣示爱情对于死的胜利：

“当那个曾使我屡屡愁叹的她离弃了世界，离弃了她自己，在我眼中消灭了的时候，‘自然’觉得羞耻，而一切见过她的人哭泣！——但死啊，你今日且慢得意，以为你把太阳熄灭了！因为爱情是战胜了，爱情使她在地下、在天上、在圣者旁边再生了。可恶的死以为把她德性的回声掩蔽了，以为把她灵魂的美抑灭了。她的诗文的表示正是相反：它们把她照耀得更光明；死后，她竟征服了天国。”诗集卷一百。

米开朗琪罗素描

在这严肃而宁静的友谊中，米开朗琪罗对于维多利亚·科隆娜的友谊并不是唯一的热情。这友谊还不能满足他的心灵。人家不大愿意说出这一点，恐怕要把米开朗琪罗理想化了。米开朗琪罗真是多么需要被理想化啊！——在一五三五年与一五四六年，正在米开朗琪罗与维多利亚友谊密切的时候，他爱了一个“美丽的与残忍的”女人——他称之为“我的敌对的太太”——他热烈地爱她，在她面前变得怯弱了，他几乎为了她牺牲他的永恒的幸福。他为这场爱情所苦，她玩弄他。她和别的男子卖弄风情，刺激他的嫉妒。他终于恨她了。他祈求命运把她变得丑陋而为了他颠倒，使他不爱她，以至她也为之痛苦。米开朗琪罗完成了他最后的绘画与雕塑的大作：《最后之审判》，保利内教堂壁画，与尤利乌斯二世陵墓。

当米开朗琪罗于一五三四年离开翡冷翠住在罗马的时候，他想，因了克雷芒七世之死摆脱了一切工作，他终于能安安静静完成尤利乌斯二世的陵墓了，以后，他良心上的重负卸掉之后，可以安静地终了他的残生。但他才到罗马，又给他的新主人把他牵系住了。

“保罗三世召唤他，要他供奉他。……米开朗琪罗拒绝了，说他不能这样做；因为他以契约的关系，受着乌尔比诺大公的拘束，除非他把尤利乌斯二世的陵墓完成之后。于是教皇怒道：‘三十年以来我怀有这个愿望；而我现在成了教皇，反不能满足我的愿望吗？我将撕掉那契约，无论如何，我要你侍奉我。’”瓦萨里记载。

米开朗琪罗又想逃亡了。

“他想隐遁到杰内附近的一所修院中去，那里的阿莱里亚主教是他的朋友，也是尤利乌斯二世的朋友。他或能在那边方便地做完他的作品。他亦想起避到乌尔比诺地方，那是一个安静的居处，亦是尤利乌斯二世的故乡；他想当地的人或能因怀念尤利乌斯之故而善视他。他已派了一个人去，到那里买一所房子。”孔迪维记载。

但，正当决定的时候，意志又没有了；他顾虑他的行动的后果，他以永远的幻梦，永远破灭的幻梦来欺骗自己：他妥协了。他重新被人牵系着，继续担负着繁重的工作，直到终局。

1535 年 9 月 1 日，保罗三世的一道敕令，任命他为圣彼得的建筑绘画雕塑总监。自 4 月起，米开朗琪罗已接受《最后之审判》的工作。**这幅巨大的壁画把西斯廷教堂入口处的墙壁全部掩蔽了，在一五三三年时克雷芒七世已有这个思念**。自 1536 年 4 月至 1541 年 11 月，即在维多利亚逗留罗马的时期内，他完全经营着这件事业。即在这件工作的过程中，在 1539 年，老人从台架上堕下，腿部受了重伤，“又是痛楚又是愤怒，他不愿给任何医生诊治”。**瓦萨里记载**。他瞧不起医生，当他知道他的家族冒昧为他延医的时候，他在信札中表示一种可笑的惶虑。

“幸而他堕下之后，他的朋友、翡冷翠的巴乔·隆蒂尼是一个极有头脑的医生，又是对于米开朗琪罗十分忠诚的，他哀怜他，有一天去叩他的屋门。没有人接应，他上楼，挨着房间去寻，一直到了米开朗琪罗睡着的那间。米氏看见他来，大为失望。但巴乔再也不愿走了，直到把他医愈之后才离开他。”**瓦萨里记载**。

像从前尤利乌斯二世一样，保罗三世来看他作画，参加意见。他的司礼长切塞纳伴随着他，教皇征询他对于作品的意见。据瓦萨里说，这是一个非常迂执的人，宣称在这样庄严的一个场所，表现那么多的猥亵的裸体是大不敬；这是，他说，配装饰浴室或旅店的绘画。米开朗琪罗愤慨之余，待切塞纳走后，凭了记忆把他的肖像画在

米开朗琪罗素描

图中：他把他放在地狱中，画成判官米诺斯的形象，在恶魔群中给毒蛇缠住了腿。切塞纳到教皇前面去诉说。保罗三世和他开玩笑地说："如果米开朗琪罗把你放在监狱中，我还可设法救你出来；但他把你放在地狱里，那是我无能为力了；在地狱里是毫无挽救的了。"

可是对于米开朗琪罗的绘画认为猥亵的不止切塞纳一人。意大利正在提倡贞洁运动；且那时距委罗内塞[1]因为作了《西门家的盛宴》(*Cène chez Simon*) 一画而被人向异教法庭控告的时节也不远了。一五七三年六月间事。——委罗内塞老老实实把《最后之审判》作为先例，辩护道："我承认这是不好的；但我仍坚执我已经说过的话，为我，依照我的大师们给我的榜样是一件应尽的责任。"——"那么你的大师们做过什么？也许是同样的东西吧？"——"米开朗琪罗在罗马，教皇御用的教堂内，把吾主基督，他的母亲，圣约翰，圣彼得和天廷中的神明及一切人物都以裸体表现，看那圣母玛丽亚，不是在任何宗教所没有令人感应到的姿势中么？……"不少人士大声疾呼有伤风化。叫嚣最厉害的要算拉莱廷了。这个淫书作家想给贞洁的米开朗琪罗以一顿整饬端方的教训。这是一种报复的行为。拉莱廷曾屡次向他要索艺术品；甚至他觍颜为米开朗琪罗设计一张《最后之审判》的图稿。米开朗琪罗客客气气拒绝了这献计，而对于他索要礼物的请求装作不闻。因此，拉莱廷要显一些本领给米开朗琪罗看，让他知道瞧不起他的代价。他写给他一封无耻的信。他

① 委罗内塞（1528—1588），威尼斯画派主要画家和著名色彩大师。

委罗内塞：《西门家的盛宴》

责备他“表现使一个娼家也要害羞的东西”，他又向异教法庭控告他大不敬的罪名。“因为，”他说，“破坏别人的信心较之自己的不信仰犯罪尤重。”他请求教皇毁灭这幅壁画。他在控诉状中说他是路德派的异教徒；末了更说他偷盗尤利乌斯二世的钱。**信中并侵及无辜的盖拉尔多·佩里尼与托马索·卡瓦列里等（米氏好友，见前）。**这封信**这封无耻的信，末了又加上一句含着恐吓的话，意思还是要挟他送他礼物**把米开朗琪罗灵魂中最深刻的部分——他的虔敬、他的友谊、他的爱惜荣誉的情操——都污辱了，对于这一封信，米开朗琪罗读的时候不禁报以轻蔑的微笑，可也不禁愤懑地痛哭，他置之不答。无疑地他仿佛想起某些敌人般地想：“不值得去打击他们；因为对于他们的胜利是无足重轻的。”——而当拉莱廷与切塞纳两人对于《最后之审判》的见解渐渐占得地位时，他也毫不设法答复，也不设法阻止他们。他什么也不说，当他的作品被视为“路德派的秽物”的时候。一五四九年有一个翡冷翠人这么说。他什么也不说，当保罗四世要把他的壁画除下的时候。一五九六年，克雷芒八世要把《最后之审判》涂掉。他什么也不说，当达涅尔·特·沃尔泰雷受了教皇之命来把他的英雄们穿上裤子的时候。一五五九年事。——达涅尔·特·沃尔泰雷把他的修改工作称作“穿裤子”。他是米开朗琪罗的一个朋友。另一个朋友，雕塑家阿马纳蒂，批斥这些裸体表现为猥亵。因此，在这件事情上，米氏的信徒们也没有拥护他。——人家询问他的意见。他怒气全无地回答，讥讽与怜悯的情绪交混着：“告诉教皇，说这是一件小事情，容易整顿的。只要圣下也愿意把世界整顿一下：整顿一幅画是不必费多大心力的。”——他知道他是在怎样一种热烈的信仰中完成这件作品的，在和维多利亚·科隆娜的宗教谈话的感应，在这个洁白无瑕的灵魂的掩护下。要去向那些污浊的猜度与下流的心灵辩白他在裸体人物上所寄托的英雄思想，他会感到耻辱。

当西斯廷的壁画完成时，米开朗琪罗以为他终于能够完成尤利乌斯二世的纪念物了。《最后之审判》的开幕礼于一五四一年十二月二十五日举行。意大利、法国、德国、佛兰德各处都有人来参加。但不知足的教皇还逼着七十岁的老人作保利内教堂的壁画。这些壁画包括《圣保罗谈话》《圣彼得上十字架》等。米氏开始于一五四二年，在一五四四年与一五四六年因两场病症中止了若干时，到一五四九年至一五五〇年才勉强完成。瓦萨里说：“这是他一生所作的最后的绘画，而且费了极大的精力；因为绘画，尤其是壁画，对于老人是不相宜的。”他还能动手做预定的尤利乌斯二世墓上的几个雕像已是侥幸的事了。他和尤利乌斯二世的继承人，签订第五张亦是最后一张的契约。根据这张契约，他交付出已经完工的雕像，最初是《摩西》与两座《奴隶》；但后来米开朗琪罗认为《奴隶》不再适合于这个减缩的建筑，故又塑了《行动生活》与《冥想生活》以代替。出资雇用两个雕塑家了结陵墓：这样，他永远卸掉了他的一切责任了。

他的苦难还没有完呢，尤利乌斯二世的后人不断地向他要求偿还他们以前他收受的钱。教皇令人告诉他不要去想这些事情，专心干保利内教堂的壁画。他答道：

“但是我们是用脑子不是用手作画的啊！不想到自身的人是不知荣辱的；所以只要我心上有何事故，我便做不出好东西……我一生被这陵墓联系着；我为了要在利奥十世与克雷芒七世之前争得了结此事以至于把我的青春葬送了；我的太认真的良心把我毁灭无余。我的命运要我如此！我看到不少的人每年进款达两三千金币之巨；而我，受尽了艰苦，终于是穷困。人家还当我是窃贼！……在人前——我不说在神前——我自以为是一个诚实之士；我从未欺骗过他人……我不是一个窃贼，我是一个翡冷翠的绅士，出身高贵……当我必得要在那些混蛋前面自卫时，我变成疯子了！……”米氏一五四二年十月书（收信人不明）。

为应付他的敌人起见，他把《行动生活》与《冥想生活》二像亲手完工了。虽然契约上并不要他这么做。

1545年1月，尤利乌斯二世的陵墓终于在温科利的圣彼得寺落成了。原定的美妙的计划在此存留了什么？——《摩西》原定只是一座陪衬的像，在此却成为中心的雕像。一个伟大计划的速写！

至少，这是完了。米开朗琪罗在他一生的噩梦中解放了出来。

二、信心

维多利亚死后，他想回到翡冷翠，把“他的疲劳的筋骨睡在他的老父旁边”。**一五五二年九月十九日米开朗琪罗致瓦萨里书**。当他一生侍奉了几代的教皇之后，他要把他的残年奉献给神。也许他是受着女友的鼓励，要完成他最后的意愿。1547年1月1日，维多利亚·科隆娜逝世前一个月，他奉到保罗三世的敕令，被任为圣彼得大寺的建筑师兼总监。他接受这委任并非毫无困难；且亦不是教皇的坚持才使他决心承允在七十余岁的高龄去负担他一生从未负担过的重任。他认为这是神的使命，是他应尽的义务：

“许多人以为——而我亦相信——我是由神安放在这职位上的，”他写道，“不论我是如何衰老，我不愿放弃它；因为我是为了爱戴神而服务，我把一切希望都寄托在他身上。”**一五五七年七月七日米氏致他的侄儿利奥那多书**。

对于这件神圣的事业，任何俸给他都不愿收受。

在这桩事情上，他又遇到了不少敌人：第一是桑迦罗一派，这是安东尼奥·达·桑迦罗，一五三七年至一五四六年他死时为止，一直是圣彼得的总建筑师。他一向是米开朗琪罗的敌人，因为米氏对他不留余地。为了教皇宫区内的城堡问题，他们两人曾处于极反对的地位，终于米氏把桑迦罗的计划取消了。后来在建造法尔内塞宫邸时，桑迦罗已造到二层楼，一五四九年米氏在补成时又把他原来的图样完全改过。如瓦萨里所说的，此外还有一些办事员、供奉人、工程承造人，被他揭发出许多营私舞弊的劣迹，而桑迦罗对于这些却假作痴聋不加闻问。“米开朗琪罗，”瓦萨里说，“把圣彼得从贼与强盗的手中解放了出来。”

反对他的人都联络起来。首领是无耻的建筑师南尼·迪·巴乔·比焦，为瓦萨里认为盗窃米开朗琪罗而此刻又想排挤他的。人们散布谎言，说米开朗琪罗对于建筑是全然不懂的，只是浪费金钱，弄坏前人的作品。圣彼得大寺的行政委员会也加入攻击建筑师，于1551年发起组织一个庄严的查办委员会，即由教皇主席；监察人员与工人都来控告米开朗琪罗，萨尔维亚蒂与切尔维尼两个主教又袒护着那些控诉者。切尔维尼主教即未来的教皇马尔赛鲁斯二世。米开朗琪罗简直不愿申辩：他拒绝和他们辩论。——他和切尔维尼主教说：“我并没有把我所要做的计划通知你，或其他任何人的义务。你的事情是监察经费的支出。其他的事情与你无干。”据瓦萨里记载。——他的不改性的骄傲从来不答应把他的计划告诉任何人。他回答那些怨望的工人道："你们的事情是泥水工、斫工、木工，做你们的事，执行我的命令。至于要知道我思想些什么，你们永不会知道；因为这是有损我的尊严的。"据博塔里记载。

他这种办法自然引起许多仇恨，而他如果没有教皇们的维护，他将一刻也抵挡不住那些怨毒的攻击。一五五一年调查委员会末次会议中，米开朗琪罗转向着委员会主席尤利乌斯三世说："圣父，你看，我挣得了什么！如果我所受的烦恼无裨我的灵魂，我便白费了我的时间与痛苦。"——爱他的教皇，举手放在他的肩上，说道："灵魂与肉体你都挣得了。不要害怕！"（据瓦萨里记载）因此，当尤利乌斯三世崩后，切尔维尼主教登基承继皇位的时候，他差不多要离开罗马了。教皇保罗三世死于一五四九年十一月十日；和他一样爱米开朗琪罗的尤利乌斯三世在位的时间是一五五〇年二月八日至一五五五年三月二十三日。一五五五年五月九日，切尔维尼大主教被选为教皇，名号为马尔赛鲁斯二世。他登基只有几天；一五五五年五月二十三日保罗四世承继了他的皇位。但新任教皇马尔赛鲁斯二世登位不久即崩，保罗四世承继了他。最高的保护重新确定之后，米开朗琪罗继续奋斗下去。他以为如果放弃了作品，他的名誉会破产，他的灵魂会堕落。他说：

"我是不由自主地被任做这件事情的。八年以来，在烦恼与疲劳中间，我徒然挣扎。此刻，建筑工程已有相当的进展，可以开始造穹隆的时候，若我离开罗马，定将使作品功亏一篑：这将是我的大耻辱，亦将是我灵魂的大罪孽。”一五五五年五月十一日米氏致他的侄儿利奥那多书。一五六〇年，受着他的朋友们的批评，他要求“人们答应卸掉他十七年来以教皇之命而且义务地担任的重负”。——但他的辞职未被允准，教皇保罗四世下令重新授予他一切权宜。——那时他才决心答应卡瓦列里的要求，把穹隆的木型开始动工。至此为止，他一直把全部计划隐瞒着，不令任何人知道。

他的敌人们丝毫不退让；而这种斗争，有时竟是悲剧的。1563年，在圣彼得工程中，对于米开朗琪罗最忠诚的一个助手，加埃塔被抓去下狱，诬告他窃盗；他的工程总管切萨雷又被人刺死了。米开朗琪罗为报复起见，便任命加埃塔代替了切萨雷的职位。行政委员会把加埃塔赶走，任命了米开朗琪罗的敌人南尼·迪·巴乔·比焦。米开朗琪罗大怒，不到圣彼得视事了。于是人家散放流言，说他辞职了；而委员会迅又委任南尼去代替他，南尼亦居然立刻做起主人来。他想以种种方法使这八十八岁的病危的老人灰心。可是他不识得他的敌人。米开朗琪罗立刻去见教皇；他威吓说如果不替他主张公道他将离开罗马。他坚持要做一个新的侦查，证明南尼的无能与谎言，把他驱逐。米开朗琪罗逝世后翌日，南尼马上去请求科斯梅大公，要他任命他继任米氏的职位。这是1563年9月，他逝世前四个月的事情。——这样，直到他一生的最后阶段，他还须和嫉妒与怨恨争斗。

米开朗琪罗素描

可是我们不必为他抱憾。他知道自卫；即在临死的时光，他还能够，如他往昔和他的兄弟所说的，独个子“把这些兽类裂成齑粉”。

在圣彼得那件大作之外，还有别的建筑工程占据了他的暮年，如京都大寺、**米开朗琪罗没有看见屋前盘梯的完成。京都大寺的建筑在17世纪时才完工。**圣玛里亚·德利·安吉利教堂、**关于米开朗琪罗的教堂，今日毫无遗迹可寻。它们在18世纪都重建过了。**翡冷翠的圣洛伦佐教堂、**人们把教堂用白石建造，而并非如米开朗琪罗原定的用木材建造。**皮亚门，尤其是翡冷翠人的圣乔凡尼教堂，如其他作品一样是流产的。

翡冷翠人曾请求他在罗马建造一座本邦的教堂；就是科斯梅大公自己亦为此事写了一封很恭维的信给他；而米开朗琪罗受着爱乡情操的激励，也以青年般的热情去从事这件工作。**一五五九年至一五六〇年。**他和他的同乡们说：“如果他们把他的图样实现，那么即便是罗马人、希腊人也将黯然无色了。”——据瓦萨里说，这是他以前没有说过以后亦从未说过的言语；因为他是极谦虚的。翡冷翠人接受了图样，丝毫不加改动。米开朗琪罗的一个友人，蒂贝廖·卡尔卡尼在他的指导之下，作了一个教堂的木型——“这是一件稀世之珍的艺术品，人们从未见过同样的教堂，无论在美、在富丽，还是在多变方面。人们开始建筑，花了五千金币。以后，钱没有了，便那么中止了，米开朗琪罗感着极度强烈的悲痛。”瓦萨里记载。教堂永远没有造成，即使那木型也遗失了。

这是米开朗琪罗在艺术方面的最后的失望。他垂死之时怎么能有这种幻想，说刚刚开始的圣彼得寺会有一天实现，而他的作品中居然会有一件永垂千古？他自己，如果是可能的话，他就要把它们毁灭。他的最后一件雕塑翡冷翠大寺的《基督下十字架》，表示他对于艺术已到了那么无关心的地步。他之所以继续雕塑，已不是为了艺术的信心，而是为了基督的信心，而是因为“他的力与精神不能不创造”。一五五三年，他开始这件作品，他的一切作品中最动人的；因为它是最亲切的：人们感到他在其中只谈到他自己，他痛苦着，把自己整个地沉入痛苦之中。此外，似乎那个扶持基督的老人，脸容痛苦的老人，即他自己的肖像。但当他完成了他的作品时，他把它毁坏了。一五五五年事。“他将完全把它毁坏，假若他的仆人安东尼奥不请求赐给他的话。”蒂贝廖·卡尔卡尼从安东尼奥那里转买了去，又请求米开朗琪罗把它加以修补。米开朗琪罗答应了，但他没有修好便死了。

这是米开朗琪罗在垂死之年对于艺术的淡漠的表示。

自维多利亚死后，再没有任何壮阔的热情烛照他的生命了。爱情已经远去：

“爱的火焰没有遗留在我的心头，最重的病（衰老）永远压倒最

米开朗琪罗素描

轻微的：我把灵魂的翅翼折断了。”**诗集卷八十一。（约于一五五〇年）他暮年时代的几首诗，似乎表现火焰并不如他自己所信般的完全熄灭，而他自称的“燃过的老木”有时仍有火焰显现。**

他丧失了他的兄弟和他的最好的朋友。卢伊吉·德尔·里乔死于1546年，皮翁博死于1547年，他的兄弟乔凡·西莫内死于1548年。他和他的最小的兄弟西吉斯蒙多一向没有什么来往，亦于1555年死了。他把他的家庭之爱和暴烈的情绪一齐发泄在他的侄子——孤儿——们身上，他的最爱的兄弟博纳罗托的孩子们身上。他们是一男一女，男的即利奥那多，女的叫切卡。米开朗琪罗把切卡送入修道院，供给她衣食及一切费用，他亦去看她；而当她出嫁时，**她于一五三八年嫁给米凯莱·迪·尼科洛·圭恰尔迪尼。**他给了她一部分财产作为奁资。**是他在波佐拉蒂科地方的产业。**——他亲自关切利奥那多的教育，他的父亲逝世时他只有九岁，冗长的通信，令人想起贝多芬与其侄儿的通信，表示他如何严肃地尽了他父辈的责任。**这通信始于一五四〇年。**这也并非没有时时发生的暴怒。利奥那多常常试练他的伯父的耐性；而这耐性是极易消耗的。青年的恶劣的字迹已足使米开朗琪罗暴跳。他认为这是对他的失敬：

“收到你的信时，从没有在开读之前不使我愤怒的。我不知你在哪里学得的书法！毫无恭敬的情操！……我相信你如果要写信给世界上最大的一头驴子，你必将写得更小心些……我把你最近的来信丢在火里了，因为我无法阅读：所以我亦不能答复你。我已和你说过而且再和你说一遍，每次我收到你的信在没有能够诵读它之前，我总是要发怒的。将来你永远不要写信给我了。如果你有什么事情告诉我，你去找一个会写字的人代你写吧；因为我的脑力需要去思虑别的事情，不能耗费精力来猜详你的涂鸦般的字迹。”见一五三六年至一五四八年的书信。

天性是猜疑的，又加和兄弟们的纠葛使他更为多心，故他对于他的侄儿的阿谀与卑恭的情感并无什么幻想：他觉得这种情感完全是小孩子的乖巧，因为他知道将来是他的遗产继承人。米开朗琪罗老实和他说了出来。有一次，米开朗琪罗病危，将要死去的时候，他知道利奥那多到了罗马，做了几件不当做的事情；他怒极了，写信给他：

“利奥那多！我病时，你跑到弗朗切斯科先生那里去探听我留下些什么。你在翡冷翠所花的我的钱还不够吗？你不能向你的家族说谎，你也不能不肖似你的父亲——他把我从翡冷翠家里赶走！须知我已做好了一个遗嘱，那遗嘱上已没有你的名分。去吧，和神一起去吧，不要再到我前面来，永远不要再写信给我！”一五四四年七月十一日信。

这些愤怒并未使利奥那多有何感触，因为在发怒的信后往常是继以温言善语的信和礼物。一五四九年，米开朗琪罗在病中第一个通知他的侄儿，说已把他写入遗嘱。——遗嘱大体是这样写的：“我把我所有的一切，遗留给西吉斯蒙多和你；要使我的弟弟西吉斯蒙多和你，我的侄儿，享有均等的权利，两个人中任何一个如不得另一个的同意，不得处分我的财产。”一年之后，他重新赶到罗马，被赠予三千金币的诺言吸引着。米开朗琪罗为他这种急促的情态激怒了，写信给他道：

“你那么急匆匆地到罗马来。我不知道，如果当我在忧患中，没有面包的时候，你会不会同样迅速地赶到。……你说你来是为爱我，是你的责任。——是啊，这是蛀虫之爱！原文是 L'amore del tarlo！指他的侄儿只是觊觎遗产而爱他。如果你真的爱我，你将写信给我说：‘米开朗琪罗，留着三千金币，你自己用吧：因为你已给了那么多钱，很够了；你的生命对于我们比财产更宝贵……’——但四十年来，你们靠着我活命；而我从没有获得你们一句好话……”一五四六年二月六日书。他又附加着：“不错，去年，因为我屡次责备你，你寄了一小桶特雷比亚诺酒给我。啊！这已使你破费得够了！”

利奥那多的婚姻又是一件严重的问题。它占据了叔侄俩六年的时间。自一五四七年至一五五三年。利奥那多，温良地，只觑着遗产；他接受一切劝告，让他的叔父挑选、讨论、拒绝一切可能的机会：他似乎毫不在意。反之，米开朗琪罗却十分关切，仿佛是他自己要结婚一样。他把婚姻看作一件严重的事情，爱情倒是不关重要的条件；财产也不在计算之中：所认为重要的，是健康与清白。他发表他的严格的意见，毫无诗意的、极端的、肯定的：

“这是一件大事情：你要牢记在男人与女人中间必须有十岁的差别；注意你将选择的女子不独要温良，而且要健康……人家和我谈起好几个：有的我觉得合意，有的不。假若你考虑之后，在这几个中合意哪个，你当来信通知我，我再表示我的意见……你尽有选择这一个或那一个的自由，只要她是出身高贵，家教很好；而且与其有奁产，宁可没有为妙——这是为使你们可以安静地生活……一位翡冷翠人告诉我，说有人和你提起吉诺里家的女郎，你亦合意。我却不愿你娶一个女子，因为假如有钱能备奁资，他的父亲不会把她嫁给你的。我愿选那种为了中意你的人（而非中意你的资产）而把女儿嫁给你的人……你所得唯一地考虑的只是肉体与精神的健康、血统与习气的品质，此外，还须知道她的父母是何种人物：因为这极其重要。……去找一个在必要时不怕洗涤碗盏、管理家务的妻子。……至于美貌，既然你并非翡冷翠最美的男子，那么你可不必着急，只要她不是残废的或丑得不堪的就好。……”一五四七年至一五五二年书信。另外他又写道：“你不必追求金钱，只要好的德性与好的声名……你需要一个和你留在一起的妻子，为你可以支使的、不讨厌的、不是每天去出席宴会的女人；因为在那里人们可以诱惑她使她堕落。”（一五四九年二月一日书）

搜寻了好久之后，似乎终于觅得了稀世之珍。但，到了最后一刻，又发现了足以借为解约理由的缺点：

"我得悉她是近视眼：我认为这不是什么小毛病。因此我还什么也没有应允。既然你也毫未应允，那么我劝你还是作为罢论，如果你所得的消息是确切的话。"一五五一年十二月十九日书。

利奥那多灰心了。他反而觉得他的叔叔坚持要他结婚为可怪了：

"这是真的，"米开朗琪罗答道，"我愿你结婚：我们的一家不应当就此中断。我很知道即使我们的一族断绝了，世界也不会受何影响；但每种动物都要绵延种族。因此我愿你成家。"可是他又说："但如果你自己觉得不十分健康，那么还是克制自己，不要在世界上多造出其他的不幸者为妙。"

终于米开朗琪罗自己也厌倦了；他开始觉得老是由他去关切利奥那多的婚姻，而他本人反似淡漠是可笑的事情。他宣称他不复顾问了：

"六十年来，我关切着你们的事情；现在，我老了，我应得想着我自己的了。"

这时候，他得悉他的侄儿和卡桑德拉·丽多尔菲订婚了。他很高兴，他祝贺他，答应送给他一千五百金币。利奥那多结婚了。一五五三年五月十六日。米开朗琪罗写信去道贺新夫妇，许赠一条珍珠项链给卡桑德拉。可是欢乐也不能阻止他不通知他的侄儿，说"虽然他不大明白这些事情，但他觉得利奥那多似乎应在伴他的女人到他家里去之前，把金钱问题准确地弄好了：因为在这些问题中时常潜伏着决裂的种子”。信末，他又附上这段不利的劝告：

“啊！……现在，努力生活吧：仔细想一想，因为寡妇的数目永远超过鳏夫的数目。”一五五三年五月二十日书。

两个月之后，他寄给卡桑德拉的，不复是许诺的珍珠项链，而是两只戒指——一只是镶有金刚钻的，一只是镶有红宝玉的。卡桑德拉深深地谢了他，同时寄给他八件内衣。米开朗琪罗写信去说：

“它们真好，尤其是布料我非常惬意。但你们为此耗费金钱，使我很不快，因为我什么也不缺少。为我深深致谢卡桑德拉，告诉她说我可以寄给她我在这里可以找到的一切东西，不论是罗马的出品或其他。这一次，我只寄了一件小东西；下一次，我寄一些更好的，使她高兴的物件罢。”一五五三年八月五日书。

不久，孩子诞生了。第一个名字题作博纳罗托（Buonarroto），生于一五五四年。这是依着米氏的意思；——第二个名字题作米开朗琪罗，生于一五五五年。但这个生下不久便夭亡了。而那个老叔，于1556年邀请年轻夫妇到罗马去，他一直参与着家庭中的欢乐与忧苦，但从不答应他的家族去顾问他的事情，也不许他们关切他的健康。

在他和家庭的关系之外，米开朗琪罗亦有不少著名的、高贵的朋友。我们应当把他的一生分作几个时期。在这长久的一生中，我们看到他孤独与荒漠的时期，但也有若干充满着友谊的时期。一五一五年左右，在罗马，有一群翡冷翠人，自由的、生气蓬勃的人：多梅尼科·博宁塞尼、利奥那多·塞拉约、乔凡尼·斯佩蒂亚雷、巴尔托洛梅奥·韦拉扎诺、乔凡尼·杰莱西、卡尼贾尼等。——这是他第一期的朋友。以后，在克雷芒七世治下，弗朗切斯科·贝尔尼与皮翁博一群有思想的人物。皮翁博是一个忠诚的但亦是危险的朋友，是他把一切关于米开朗琪罗的流言报告给他听，亦是他罗织成他对于拉斐尔派的仇恨。——更后，在维多利亚·科隆娜的时代，尤其是卢伊吉·德尔·里乔的一般人，他是翡冷翠的一个商人，在银钱的事情上时常作他的顾问，是他最亲密的一个朋友。在他那里，米氏遇见多纳托·贾诺蒂、音乐家阿尔卡德尔与美丽的切基诺。他们都一样爱好吟咏，爱好音乐，爱尝异味。也是为了里乔因切基诺死后的悲伤，米氏写了四十八首悼诗；而里乔收到每一首悼诗时，寄给米氏许多鲇鱼、香菌、甜瓜、雉鸠等——在他死后（一五四六年），米开朗琪罗差不多没有朋友，只有信徒了：瓦萨里、孔迪维、达涅尔·特·沃尔泰雷、布隆齐诺、莱奥内·莱奥尼、贝韦努托·切里尼等。他感应他们一种热烈的求知欲；他表示对他们的动人的情感。

虽然他性情很粗野，但要把他认作一个如贝多芬般的粗犷的乡人却是完全错误的。他是意大利的一个贵族，学问渊博，阀阅世家。从他青年时在圣马可花园中和洛伦佐·梅迪契等厮混在一起的时节起，他和意大利可以算作最高贵的诸侯、亲王、主教、由于他在教皇宫内的职位和他的宗教思想的伟大，米氏和教会中的高级人物有特别的交谊。文人、他亦认识当时有名的史家兼爱国主义者马基雅弗利。艺术家都有交往。在艺术界中，他的朋友当然是最少了。但他暮年却有不少信徒崇奉他，环绕着他。对于大半的艺术家他都没有好感。他和达·芬奇、佩鲁吉诺、弗朗奇亚、西尼奥雷利、拉斐尔、布拉曼特、桑迦罗们皆有深切的怨恨。一五一七年六月三十日雅各布·桑索维诺写信给他说："你从没有说过任何人的好话。"但一五二四年时，米氏却为他尽了很大的力；他也为别人帮了不少忙；但他的天才太热烈了，他不能在他的理想之外，更爱另一个理想；而且他亦太真诚了，他不能对于他全然不爱的东西假装爱。但当一五四五年提香来罗马访问时，他却十分客气。——然而，虽然那时的艺术界非常令人艳羡，他宁愿和文人与实际行动者交往。他和诗人弗朗切斯科·贝尔尼在思想上齐名；他们两人唱和甚多，充满着友谊与戏谑的诗，贝尔尼极称颂米开朗琪罗，称之为"柏拉图第二"；他和别的诗人们说："静着罢，你们这般和谐的工具！你们说的是文辞，唯有他是言之有物。"他和瓦尔基通信；和卢伊吉·德尔·里乔与多纳托·贾诺蒂们唱和。人们搜罗他关于艺术的谈话和深刻的见解，还有没有人能和他相比的关于但丁的认识。一个罗马贵妇于文字中说，在他愿意的时候，他是"一个温文尔雅、婉转动人的君子，在欧洲罕见的人品"。多娜·阿真蒂娜·马拉斯皮娜，一五一六年间事。在贾诺蒂与弗朗西斯科·特·奥兰达的笔记中，可以看出他的周到的礼貌与交际的习惯。在他若干致亲王们的信中，尤其是一五四六年四月二十六日他给弗朗西斯一世的那封信。更可证明他很易做成一个纯粹的宫臣。社会从未逃避他：却是他常常躲避社会；要度一种胜利的生活完全在他自己。他之于意大利，无异是整个民族天才的化身。在他生涯的终局，已是文艺复兴期遗下的最后的巨星，他是文艺复兴的代表，整个世纪的光荣都是属于他的。不独是艺术家们认他是一个超自然的人。孔迪维在他的《米开朗琪罗传》中，开始便说："自从神赐我恩宠，不独认我配拜见米开朗琪罗，唯一的雕塑家与画家——这是我所不敢大胆希冀的——而且许我恭聆他的谈吐，领受他的真情与信心的时候起，为表示我对于这件恩德的感激起见，我试着把他生命中值得赞颂的材料收集起来，使别人对于这样一个伟大的人物有所景仰，作为榜样。"即便是王公大臣也在他的威望之前低首。弗朗西斯一世与卡特琳纳·特·梅迪契向他致敬。一五四六年，弗朗西斯一世写信给他；一五五九年，卡特琳纳·特·梅迪契写信给他。她信中说"和全世界的人一起知道他在这个世纪中比任何人都卓越"，所以要请他雕一个亨利二世骑在马上的像，或至少作一幅素描。科斯梅·特·梅迪契要任命他为贵族院议员；一五五二年间事，米开朗琪罗置之不答——使科斯梅大公大为不悦。而当他到罗马的时候，又以贵族的礼款待他，请他坐在他旁边，和他亲密地谈话。一五六〇年十一月间事。科斯梅的儿子，弗朗切斯科·特·梅迪契，帽子握在手中，"向这一个旷世的伟人表示无限的敬意"。一五六一年十月。人家对于"他崇高的道德”和对他的天才一般尊敬。**瓦萨里记载**。他的老年所受的光荣和歌德与雨果相仿。但他是另一种人物。他既没有歌德般成为妇孺皆知的渴望，也没有雨果般对于已成法统的尊重。他蔑视光荣，蔑视社会；他的侍奉教皇，只是“被迫的”。而且他还公然说即使是教皇，在谈话时，有时也使他厌恶，“虽然我们命令他，他不高兴时也不大会去”。**见弗朗西斯科·特·奥兰达《绘画语录》**。

“当一个人这样的由天性与教育变得憎恨礼仪、蔑视矫伪时，更无适合他的生活方式了。如果他不向你要求任何事物，不追求你的集团，为何要去追求他的呢？为何要把这些无聊的事情去和他的远离世界的性格纠缠不清呢？不想满足自己的天才而只求取悦于俗物的人，绝不是一个高卓之士。”**见弗朗西斯科·特·奥兰达《绘画语录》**。

因此他和社会只有必不可免的交接，或是灵智的关系。他不使人家参透他的亲切生活；那些教皇、权贵、文人、艺术家，在他的生活中占据极小的地位。但和他们之中的一小部分却具有真实的好感，只是他的友谊难得持久。他爱他的朋友，对他们很宽宏；但他的强硬、他的傲慢、他的猜忌，时常把他最忠诚的朋友变作最凶狠的仇敌。他有一天写了这一封美丽而悲痛的信：

“可怜的负心人在天性上是这样的：如果你在他患难中救助他，他说你给予他的他早已先行给予你了。假若你给他工作表示你对他的关心，他说你不得不委托他做这件工作，因为你自己不会做。他所受到的恩德，他说是施恩的人不得不如此。而如果他所受到的恩惠是那么明显为他无法否认时，他将一直等到那个施恩者做了一件显然的错事；那时，负心人找到了借口可以说他坏话，而且把他一切感恩的义务卸掉了。——人家对我老是如此；可是没有一个艺术家来要求我而我不给他若干好处的；并且出于我的真心。以后，他们把我古怪的脾气或是癫狂作为借口，说我是疯了，是错了；于是他们诬蔑我，毁谤我；——这是一切善人所得的酬报。”**一五二四年正月二十六日致皮耶罗·贡蒂书。**

在他自己家里，他有相当忠诚的助手，但大半是庸碌的。人家猜疑他故意选择庸碌的，为只要他们成为柔顺的工具，而不是合作的艺术家——这也是合理的。但据孔迪维说：“许多人说他不愿教练他的助手们，这是不正确的：相反，他正极愿教导他们。不幸他的助手不是低能的便是无恒的，后者在经过了几个月的训练之后，往往夜郎自大，以为是大师了。”

无疑，他所要求于助手们的第一种品性是绝对的服从。对于一般桀骜不驯的人，他是毫不顾惜的；对于那些谦恭忠实的信徒，他却表示出十二分的宽容与大量。懒惰的乌尔巴诺，“不愿工作的”，**瓦萨里描写米开朗琪罗的助手：“皮耶特罗·乌尔巴诺·特·皮斯托耶是聪明的，但从不肯用功。安东尼奥·米尼很努力，但不聪明。阿斯卡尼奥·德拉·里帕·特兰索尼也肯用功，但他从无成**

就。”——而且他的不愿工作正有充分的理由；因为，当他工作的时候，往往是笨拙得把作品弄坏，以至于无可挽救的地步，如米涅瓦寺的《基督》——在一场疾病中，曾受米开朗琪罗的仁慈的照拂看护；他称米开朗琪罗为“亲爱的如最好的父亲”。**米开朗琪罗对他最轻微的痛楚也要担心。有一次他看见他手指割破了，他监视他要他去作宗教的忏悔。**皮耶罗·迪·贾诺托被“他如爱儿子一般地爱。”西尔维奥·迪·乔凡尼·切帕雷洛从他那里出去转到安德烈·多里亚那里去服务时，悲哀地要求他重新收留他。安东尼奥·米尼的动人的历史，可算是米开朗琪罗对待助手们宽容大度的一个例子。据瓦萨里说，米尼在他的学徒中是有坚强的意志但不大聪明的一个。他爱着翡冷翠一个穷寡妇的女儿。米开朗琪罗依了他的家长之意要他离开翡冷翠。安东尼奥愿到法国去。**一五二九年翡冷翠陷落之后，米开朗琪罗曾想和安东尼奥·米尼同往法国去。**米开朗琪罗送了他大批的作品：“一切素描，一切稿图，《鹅狎戏着的丽达》画。”**《鹅狎戏着的丽达》画是他在翡冷翠被围时替费拉雷大公作的，但他没有给他，因为费拉雷大公的大使对他失敬。**他带了这些财富，动身了。**一五三一年**。但打击米开朗琪罗的厄运对于他的卑微的朋友打击得更厉害。他到巴黎去，想把《鹅狎戏着的丽达》画送呈法王。弗朗西斯一世不在京中；安东尼奥把《鹅狎戏着的丽达》寄存在他的一个朋友，意大利人朱利阿诺·博纳科尔西那里，他回到里昂住下了。数月之后，他回到巴黎，《鹅狎戏着的丽达》不见了，博纳科

《鹅狎戏着的丽达》

尔西把它卖给弗朗西斯一世，钱给他拿去了。安东尼奥又是气愤又是惶急，经济的来源断绝了，流落在这巨大的首都中，于 1533 年终忧愤死了。

但在一切助手中，米开朗琪罗最爱而且由了他的爱成为不朽的却是弗朗切斯科 · 特 · 阿马多雷，诨名乌尔比诺。他是从 1530 年起入米开朗琪罗的工作室服务的，在他指导之下，他作尤利乌斯二世的陵墓。米开朗琪罗关心他的前程。

“他和他说：‘如我死了，你怎么办？’

“乌尔比诺答道：‘我将服侍另外一个。’

"'——喔，可怜虫！'米开朗琪罗说，'我要挽救你的灾难。'

"于是他一下子给了他两千金币：这种馈赠即便是教皇与帝皇也没有如此慷慨。"瓦萨里记载。

然而倒是乌尔比诺比他先死。一五五五年十二月三日，在米开朗琪罗最后一个兄弟西吉斯蒙多死后没有几天。他死后翌日，米开朗琪罗写信给他的侄儿：

"乌尔比诺死了，昨日下午四时。他使我那么悲伤，那么惶乱，如果我和他同死了，倒反舒适；这是因为我深切地爱他之故；而他确也值得我爱；这是一个尊严的、光明的、忠实的人。他的死令我感到仿佛我已不复生存了，我也不能重新觅得我的宁静。"

他的痛苦真是那么深切，以至于三个月之后在写给瓦萨里的信中还是非常难堪：

"焦尔焦先生，我亲爱的朋友，我心绪恶劣不能作书，但为答复你的来信，我胡乱写几句吧。你知道乌尔比诺是死了——这为我是残酷的痛苦，可也是神赐给我的极大的恩宠。这是说，他活着的时候，他鼓励我亦生存着，死了，他教我懂得死，并非不快地而是乐意地愿死。他在我身旁二十六年，我永远觉得他是可靠的、忠实的。我为他挣了些财产；而现在我想把他作为老年的依傍，他却去了；除了在天国中重见他之外我更无别的希望，在那里，神赐了他甘美的死的幸福，一定亦使他留在他身旁。对于他，比着死更苦恼的却是留我生存在这骗人的世界上，在这无穷的烦恼中。我的最精纯的部分和他一起去了，只留着无尽的灾难。”一五五六年二月二十三日。

在极度的悲痛中，他请他的侄儿到罗马来看他。利奥那多与卡桑德拉，担忧着，来了，看见他非常衰弱。乌尔比诺托孤给他的责任使他鼓励起新的精力，乌尔比诺儿子中的一个是他的义子，题着他的名字。他写信给乌尔比诺的寡妇，科尔内莉娅，充满着热情，答应她把小米开朗琪罗收受去由他教养，“要向他表示甚至比对他的侄儿更亲切的爱，把乌尔比诺要他学的一切都教授他”。（一五五七年三月二十八日书）——科尔内莉娅于一五五九年再嫁了，米开朗琪罗永远不原谅她。

他还有别的奇特的朋友。因了强硬的天性对于社会的约束的反抗，他爱和一般头脑简单不拘形式的人厮混。——一个卡拉雷地方的斫石匠，托波利诺，“自以为是出众的雕塑家，每次开往罗马去的运石的船上，必寄有他作的几个小小的人像，使米开朗琪罗为之捧腹大笑的”；见瓦萨里记载。——一个瓦尔达尔诺地方的画家，梅尼盖拉，不时到米开朗琪罗那里去要求他画一个圣洛克像或圣安东尼像，随后他着了颜色卖给乡人。而米开朗琪罗，为帝王们所难于获得他的作品的，却尽肯依着梅尼盖拉指示，作那些素描；——一个理发匠，亦有绘画的嗜好，米开朗琪罗为他作了一幅圣弗朗西斯的图稿；——一个罗马工人，为尤利乌斯二世的陵墓工作的，自以为在不知不觉中成为一个大雕塑家，因为柔顺地依从了米开朗琪罗的指导，他居然在白石中雕出一座美丽的巨像，把他自己也呆住了；——一个滑稽的镂金匠，皮洛托，外号拉斯卡；——一个懒惰的奇怪的画家因达科，“他爱谈天的程度正和他厌恶作画的程度相等”，他常说：“永远工作，不寻娱乐，是不配做基督徒的。”见瓦萨里记载。——尤其是那个可笑而无邪的朱利阿诺·布贾尔蒂尼，米开朗琪罗对他有特别的好感。

“朱利阿诺有一种天然的温良之德，一种质朴的生活方式，无恶念亦无欲念，这使米开朗琪罗非常惬意。他唯一的缺点即太爱他自己的作品。但米开朗琪罗往往认为这足以使他幸福；因为米氏明白他自己不能完全有何满足是极苦恼的……有一次，奥塔维亚诺·特·梅迪契要求朱利阿诺为他绘一幅米开朗琪罗的肖像。朱氏着手工作了；他教米开朗琪罗一句不响地坐了两小时之后，他喊道：‘米开朗琪罗，来瞧，起来吧：面上的主要部分，我已抓住了。’米开朗琪罗站起，一见肖像便笑问朱利阿诺道：‘你在捣什么鬼？你把我的一只眼睛陷入太阳穴里去了；瞧瞧仔细吧。’朱利阿诺听了这几句话，弄得莫名其妙了。他把肖像与人轮流看了好几遍；大胆地答道：‘我不觉得这样；但你仍旧去坐着吧，如果是这样，我将修改。’米开朗琪罗知道他堕入何种情景，微笑着坐在朱利阿诺的对面，朱利阿诺对他、对着肖像再三地看，于是站起来说：‘你的眼睛正如我所画的那样，是自然显得如此。’‘那么，’米开朗琪罗笑道，‘这是自然的过失。继续下去吧。’”见瓦萨里记载。

这种宽容，为米开朗琪罗对待别人所没有的习惯，却能施之于那些渺小的、微贱的人。这亦是他对于这些自信为大艺术家的可怜虫的怜悯，也许那些疯子们的情景引起他对于自己的疯狂的回想。在此，的确有一种悲哀的滑稽的幽默。如一切阴沉的心魂一般，米开朗琪罗有时颇有滑稽的情趣：他写过不少诙谐的诗，但他的滑稽总是严肃的、近于悲剧的。如对于他老年的速写等。（见诗集卷八十一）

三、孤独

这样，他只和那些卑微的朋友们生活着：他的助手和他的疯痴的朋友，还有是更微贱的伴侣——他的家畜：他的母鸡与他的猫。一五五三年安焦利尼在他离家时写信给他道：“公鸡与母鸡很高兴；——但那些猫因为不看见你而非常忧愁，虽然它们并不缺少粮食。”

实在，他是孤独的，而且他愈来愈孤独了。“我永远是孤独的，”他于1548年写信给他的侄儿说，“我不和任何人谈话。”他不独渐渐地和社会分离，且对于人类的利害、需求、快乐、思想也都淡漠了。

把他和当代的人群联系着的最后的热情——共和思想——亦冷

熄了。当他在 1544 年与 1546 年两次大病中受着他的朋友里乔在斯特罗齐家中看护的时候，他算是发泄了最后一道阵雨的闪光，米开朗琪罗病愈时，请求亡命在里昂的罗伯托 · 斯特罗齐向法王要求履行他的诺言：他说假若弗朗西斯一世愿恢复翡冷翠的自由，他将以自己的钱为他在翡冷翠诸府场上建造一座古铜的骑马像。**一五四四年七月二十一日里乔致罗伯托 · 迪 · 菲利波 · 斯特罗齐书。**1546 年，为表示他感激斯特罗齐的东道主之谊，他把两座《奴隶》赠予了他，他又把它们转献给弗朗西斯一世。

但这只是一种政治热的爆发——最后的爆发。在他 1545 年和贾诺蒂的谈话中，好几处他的表白类乎托尔斯泰的斗争无用论与不抵抗主义的思想：

“敢杀掉某一个人是一种极大的僭妄，因为我们不能确知死是否能产生若干善，而生是否能阻止若干善。因此我不能容忍那些人，说如果不是从恶——即杀戮——开始绝不能有善的效果。时代变了，新的事故在产生，欲念亦转换了，人类疲倦了……而末了，永远会有出乎预料的事情。”

同一个米开朗琪罗，当初是激烈地攻击专制君主的，此刻也反对那些理想着以一种行为去改变世界的革命家了，他很明白他曾经是革命家之一；他悲苦地责备的即他自己。如哈姆雷特一样，他此刻怀疑一切，怀疑他的思想、他的怨恨、他所信的一切。他向行动告别了。他写道：

“一个人答复人家说：‘我不是一个政治家，我是一个诚实之士，一个以好意观照一切的人。’他是说的真话。只要我在罗马的工作能给我和政治同样轻微的顾虑便好！”一五四七年致他的侄儿利奥那多书。

实际上，他不复怨恨了。他不能恨。因为已经太晚：

“不幸的我，为了等待太久而疲倦了。不幸的我，达到我的愿望已是太晚了！而现在，你不知道吗？一颗宽宏的、高傲的、善良的心，懂得宽恕，而向一切侮辱他的人以德报怨！”诗集卷一百〇九第六十四首。在此，米氏假想一个诗人和一个翡冷翠的流戍者的谈话——很可能是在一五三六年亚历山大·特·梅迪契被洛伦齐诺刺死后写的。

他住在 Macel de'Corvi，在特拉扬古市场的高处。他在此有一座房子，一所小花园。他和一个男仆、在他的仆役之中，有过一个法国人叫作理查的。一个女佣、许多家畜占据着这住宅。他和他的仆役们并不感到舒服。因为据瓦萨里说：“他们老是大意的、不洁的。”他时常更调仆役，悲苦地怨叹。一五五〇年八月十六日，他写信给利奥那多说：“我要一个善良的清洁的女仆，但很困难：她们全是脏的，不守妇道的，我的生活很穷困，但我雇用仆役的价钱出得很贵。”他和仆人们的纠葛，与贝多芬的差不多。1560 年他赶走了一个女佣之后喊道：“宁愿她永没来过此地！”

他的卧室幽暗如一座坟墓。诗集卷八十一。“蜘蛛在内做它们种种工作，尽量纺织。”——在楼梯的中段，他画着背负着一口棺材的《死》像。棺材上写着下面一首诗：“我告诉你们，告诉给世界以灵魂肉体与精神的你们：在这具黑暗的箱中你们可以抓握一切。”

他和穷人一般生活，吃得极少，瓦萨里记载：“他吃得极少。年轻时，他只吃一些面包和酒，为要把全部时间都放在工作上。老年，自从他作《最后之审判》那时起，他习惯喝一些酒，但只是在晚上，在一天的工作完了的时候，而且极有节制地。虽然他富有，他如穷人一般过活。从没有（或极少）一个朋友和他同食：他亦不愿收受别人的礼物；因为这样他自以为永远受了赠予人的恩德要报答。他的俭约的生活使他变得极为警醒，需要极少的睡眠。”“夜间不能成寐，他起来执着巨剪工作。他自己做了一顶纸帽，中间可以插上蜡烛，使他在工作时双手可以完全自由，不必费心光亮的问题。”瓦萨里留意到他不用蜡而用羊油蕊作烛台，故送了他四十斤蜡。仆人拿去了，但米开朗琪罗不肯收纳。仆人说：“主人，我拿着手臂要断下来了，我不愿拿回去了。如果你不要，我将把它们一齐插在门前泥穴里尽行燃起。”于是米开朗琪罗说：“那么放在这里吧；因为我不愿你在我门前做那傻事。”（瓦萨里记载）

他愈老，愈变得孤独。当罗马一切睡着的时候，他隐避在夜晚的工作中：这于他已是一种必需。静寂于他是一件好处，黑夜是一位朋友：

“噢夜，噢温和的时间，虽然是幽暗，一切努力在此都能达到平和，称颂你的人仍能见到而且懂得；赞美你的人确有完美的判别力。你斩断一切疲乏的思念，为潮润的阴影与甘美的休息所深切地透入的；从尘世，你时常把我拥到天上，为我希冀去的地方。噢死的影子，由了它，灵魂与心的敌害——灾难——都被挡住了，悲伤的人的至高无上的救药啊，你使我们病的肉体重新获得健康，你揩干我们的泪水，你卸掉我们的疲劳，你把好人洗掉他们的仇恨与厌恶。”**诗集卷七十八。**

有一夜，瓦萨里去访问这独个子在荒凉的屋里，面对着他的悲怆的《哀悼基督》的老人：

“瓦萨里叩门，米开朗琪罗站起身来，执着烛台去接应。瓦萨里要观赏雕像；但米开朗琪罗故意把蜡烛堕在地下熄灭了，使他无法看见。而当乌尔比诺去找另一支蜡烛时，他转向瓦萨里说道：我是如此衰老，死神常在拽我的裤脚，要我和它同去。一天，我的躯体会崩坠，如这支火炬一般，也像它一样，我的生命的光明会熄灭。”

死的意念包围着他，一天一天地更阴沉起来。他和瓦萨里说：

“没有一个思念不在我的心中引起死的感触。”**一五五五年六月二十二日书。**

死，于他似乎是生命中唯一的幸福：

“当我的过去在我眼前重现的时候——这是我时时刻刻遇到的——喔，虚伪的世界，我才辨认出人类的谬妄与过错。相信你的谄谀，相信你的虚幻的幸福的人，便是在替他的灵魂准备痛苦与悲哀。经验过的人，很明白你时常许诺你所没有、你永远没有的平和与福利。因此最不幸的人是在尘世羁留最久的人；生命愈短，愈容易回归天国……”诗集卷一百〇九第三十二首。

“由长久的岁月才引起我生命的终点，喔，世界，我认识你的欢乐很晚了。你许诺你所没有的平和，你许诺在诞生之前早已死灭的休息……我是由经验知道的，以经验来说话：死紧随着生的人才是唯一为天国所优宠的幸运者。”诗集卷一百〇九第三十四首。

他的侄儿利奥那多庆祝他的孩子的诞生，米开朗琪罗严厉地责备他：

“这种铺张使我不悦。当全世界在哭泣的时候是不应当嬉笑的。为了一个人的诞生而举行庆祝是缺乏知觉的人的行为。应当保留你的欢乐，在一个充分地生活了的人死去的时候发泄。”一五五四年四月致瓦萨里书，上面写道“一五五四年四月我不知何日”。

翌年，他的侄儿的第二个孩子生下不久便夭殇了，他写信去向他道贺。

大自然，为他的热情与灵智的天才所一向轻忽的，在他晚年成为一个安慰者了。虽然他在乡间度过不少岁月，但他一向忽视自然。风景在他的作品中占有极少的地位；它只有若干简略的指示，如在西斯廷的壁画中。在这方面，米氏和同时代的人——拉斐尔、提香、佩鲁吉诺、弗朗奇亚、达·芬奇——完全异趣。他瞧不起佛兰芒艺人的风景画，那时正是非常时髦的。1556年9月，当罗马被西班牙阿尔贝大公的军队威胁时，他逃出京城，道经斯波莱泰，在那里住了五个星期。他在橡树与橄榄树林中，沉醉在秋日的高爽清朗的气色中。十日杪他被召回罗马，离开时表示非常抱撼。——他写信给瓦萨里道："大半的我已留在那里；因为唯有在林中方能觅得真正的平和。"

回到罗马，这八十二岁的老人作了一首歌咏田园，颂赞自然生活的美丽的诗，在其中他并指责城市的谎骗；这是他最后的诗，而它充满了青春的朝气。

但在自然中，如在艺术与爱情中一样，他寻求的是神，他一天一天更迫近他。他永远是有信仰的。虽然他丝毫不受教士、僧侣、男女信徒们的欺骗，且有时还挖苦他们，一五四八年，利奥那多想加入洛雷泰的朝山队伍，米开朗琪罗阻止他，劝他还是把这笔钱做了施舍的好。"因为，把钱送给教士们，上帝知道他们怎么使用！"（一五四八年四月七日）皮翁博在蒙托廖的圣彼得寺中要画一个僧侣，米开朗琪罗认为这个僧侣要把一切都弄坏了："僧侣已经失掉了那么广大的世界；故他们失掉这么一个小教堂亦不足为奇。"在米开朗琪罗要为他的侄儿完姻时，一个女信徒去见他，对他宣道，劝他为利奥那多娶一个虔敬的女子。米氏在信中写道："我回答她，说她还是去织布或纺纱的好，不要在人前鼓弄簧舌，把圣洁的事情当作买卖做。”（一五四九年七月十九日）但他似乎在信仰中从未有过怀疑。在他的父亲与兄弟们患病或临终时，他第一件思虑老是要他们受圣餐。一五一六年十一月二十三日为了父亲的病致博纳罗托书，与一五四八年正月为了兄弟乔凡·西莫内之死致利奥那多书提及此事。他对于祈祷的信心是无穷的；“他相信祈祷甚于一切药石”；一五四九年四月二十五日致利奥那多书。他把他所遭受的一切幸运和他没有临到的一切灾祸尽归之于祈祷的功效。在孤独中，他曾有神秘的崇拜的狂热。“偶然”为我们保留着其中的一件事迹：同时代的记载描写他如西斯廷中的英雄般的热狂的脸相，独个子，深夜，在罗马的他的花园中祈祷，痛苦的眼睛注视着布满星云的天空。弗拉·贝内德托记载此事甚详。

有人说他的信仰对于圣母与使徒的礼拜是淡漠的，这是不正确的。他在最后二十年中全心对付着建造使徒圣彼得大寺的事情，而他的最后之作（因为他的死而没有完成的），又是一座圣彼得像，要说他是一个新教徒不啻是开玩笑的说法了。我们也不能忘记他屡次要去朝山进香；1545 年他想去朝拜科姆波斯泰雷的圣雅克，1556 年他要朝拜洛雷泰。——但也得说和一切伟大的基督在一样，他的生和死，永远和基督徒一起。1512 年他在致父亲书中说：“我和基督一同过着清贫的生活。”临终时，他请求人们使他念及基督的苦难。自从他和维多利亚结交之后——尤其当她死后——这信仰愈为坚固强烈。从此，他把艺术几乎完全奉献于颂赞基督的热情与光荣，后

米开朗琪罗素描

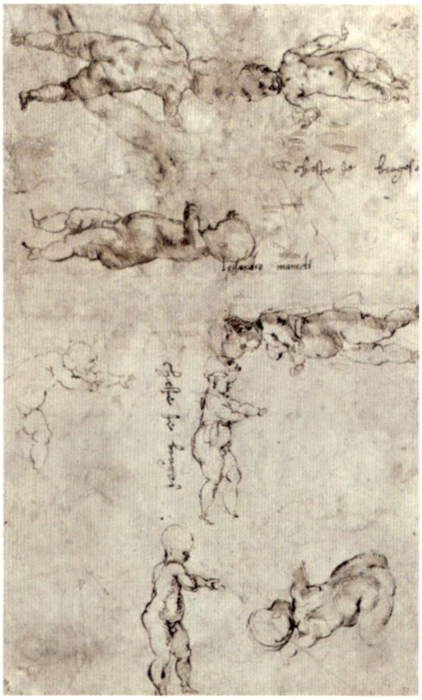

米开朗琪罗素描

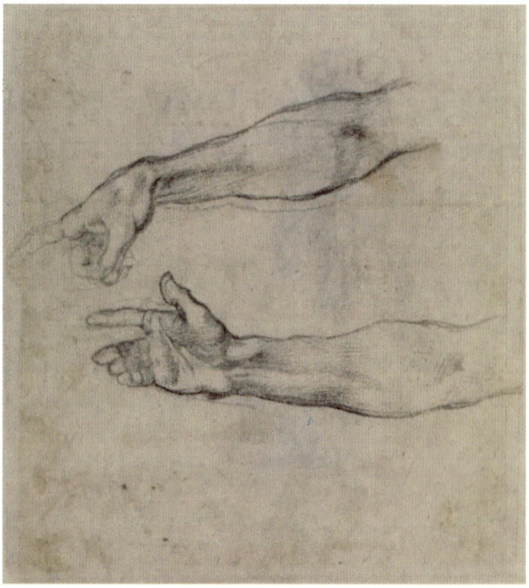

米开朗琪罗素描

期的雕塑，如十字架，如殉难，如受难像等都是。同时，他的诗也沉浸入一种神秘主义的情调中。他否认了艺术，投入十字架上殉道者的臂抱中去：

“我的生命，在波涛险恶的海上，由一叶残破的小舟渡到了彼岸，在那里大家都将对于虔敬的与冒渎的作品下一个判断。由是，我把艺术当作偶像，当作君主般的热烈的幻想，今日我承认它含有多少错误，而我显然看到一切的人都在为着他的苦难而欲求。爱情的思想，虚妄的快乐的思想，当我此刻已迫近两者之死的时光，它们究竟是什么呢？爱，我是肯定了，其他只是一种威胁。既非绘画，亦非雕塑能抚慰我的灵魂。它已转向着神明的爱，爱却在十字架上张开着臂抱等待我们！”诗集卷一百四十七。

但在这颗老耄的心中，由信仰与痛苦所激发的最精纯的花朵，尤其是神明般的恻隐之心。这个被仇敌称为贪婪的人，这些流言是拉莱廷与班迪内利散布的。这种谎话的来源有时因为米开朗琪罗在金钱的事情上很认真的缘故。其实，他是非常随便的；他并不记账；他不知道他的全部财产究有若干，而他一大把一大把地把钱施舍。他的家族一直用着他的钱。他对于朋友们、仆役们往往赠送唯有帝王所能赐予般的珍贵的礼物。他的作品，大半是赠送的而非卖掉的；他为圣彼得的工作是完全尽义务的。再没有人比他更严厉地指斥爱财的癖好了，他写信给他的兄弟说：“贪财是一件大罪恶。”瓦萨里为米氏辩护，把他一生赠予朋友或信徒的作品一齐背出来，说

“我不懂人们如何能把这个每件各值几千金币的作品随意赠送的人当作一个贪婪的人”。一生从没停止过施惠于不幸的穷人，不论是认识的或不认识的。他不独对他的老仆与他父亲的仆人——对一个名叫莫娜·玛格丽塔的老仆，为他在兄弟死后所收留，而她的死使他非常悲伤，“仿佛死掉了他自己的姊妹那样”；一五三三年致兄弟乔凡·西莫内信；一五四〇年十一月致利奥那多信。对一个为西斯廷教堂造台架的木匠，他帮助他的女儿嫁费……瓦萨里记载。——表露他的动人的真挚之情，而且他时时在布施穷人，尤其是怕羞的穷人。他爱令他侄子与侄女参与他的施舍，使他们为之感动，他亦令他们代他去做，但不把他说出来：因为他要他的慈惠保守秘密。一五四七年致利奥那多书：“我觉得你太不注意施舍了。”一五四七年八月：“你写信来说给这个女人四个金币，为了爱上帝的缘故，这使我很快乐。”一五四九年三月二十九日：“注意，你所给的人，应当是真有急需的人，且不要为了友谊而为了爱上帝之故。不要说出钱的来源。”“他爱实地去行善，而非貌为行善。”孔迪维记载。由于一种极细腻的情感，他尤其念及贫苦的女郎：他设法暗中赠予她们少数的奁资，使她们能够结婚或进入修院。他写信给他的侄儿说：

“设法去认识一个有何急需的人，有女儿要出嫁或送入修院的。（我说的是那些没有钱而无颜向人启齿的人）把我寄给你的钱给人，但要秘密地；而且你不要被人欺骗……”一五四七年八月致利奥那多书。

此外，他又写道：

“告诉我，你还认识有别的高贵的人而经济拮据的吗？尤其是家中有年长的女儿的人家。我很高兴为他们尽力。为着我的灵魂得救。”**一五五〇年十二月二十日致利奥那多书。**

尾声

死

“多么向往而来得多么迟缓的死——”“因为，对于不幸的人，死是懒惰的……”（诗集卷七十三第三十首）

终于来了。

他的僧侣般的生活虽然支持了他坚实的身体，可没有蠲免病魔的侵蚀。自 1544 年与 1546 年的两场恶性发热后，他的健康从未恢复；膀胱结石、一五四九年三月：人家劝他饮维泰尔贝泉水，他觉得好些。——但在一五五九年七月他还感着结石的痛苦。痛风症一五五五年七月以及各种的疾苦把他磨蚀完了。在他暮年的一首悲惨的滑稽诗中，他描写他的残废的身体：

“我孤独着悲惨地生活着，好似包裹在树皮中的核心……我的声音仿佛是幽闭在臭皮囊中的胡蜂……我的牙齿动摇了，有如乐器上的键盘……我的脸不啻是吓退鸟类的丑面具……我的耳朵不息地嗡嗡作响：一只耳朵中，蜘蛛在结网；另一只中，蟋蟀终夜地叫个不停……我的感冒使我不能睡眠……予我光荣的艺术引我到这种结局。可怜的老朽，如果死不快快来救我，我将绝灭了……疲劳把我支离了，分解了，唯一的栖宿便是死……”诗集卷八十一。

1555年6月，他写信给瓦萨里说道：

“亲爱的焦尔焦先生，在我的字迹上你可以认出我已到了第二十四小时了……”一五五五年六月二十二日致瓦萨里书。一五四九年他在写给瓦尔基信中已说：“我不独是老了，我已把自己计算在死人中间。”

1560年春，瓦萨里去看他，见他极端疲弱。他几乎不出门，晚上几乎不睡觉；一切令人感到他不久人世。愈衰老，他愈温柔，很易哭泣。

“我去看米开朗琪罗，”瓦萨里写道，“他没想到我会去，因此在见我时仿佛如一个父亲找到了他失掉的儿子般欢喜。他把手臂围着我的颈项，再三地亲吻我，快活得哭起来。”一五六〇年四月八日瓦萨里致科斯梅·特·梅迪契书。

可是他毫未丧失他清明的神志与精力。即在这次会晤中，他和瓦萨里长谈，关于艺术问题，关于指点瓦萨里的工作，随后他骑马陪他到圣彼得。那时他是八十五岁。

1561年8月，他患着感冒。他赤足工作了三个小时，于是他突然倒地，全身拘挛着。他的仆人安东尼奥发现他昏倒了。卡瓦列

《拉结》

《利亚》

《圣·彼得》

里、班迪尼、卡尔卡尼立刻跑来。那时，米开朗琪罗已经醒转。几天之后，他又开始乘马外出，继续作皮亚门的图稿。

古怪的老人，无论如何也不答应别人照拂他。他的朋友们费尽心思才得悉他又患着一场感冒，只有大意的仆人们伴着他。

他的继承人利奥那多，从前为了到罗马来受过他一顿严厉的训责，此刻就算是为他叔父的健康问题也不敢贸然奔来了。1563 年 7 月，他托达涅尔·特·沃尔泰雷问米开朗琪罗，愿不愿他来看他；而且，为了预料到米氏要猜疑他的来有何作用，故又附带声明，说他的商业颇有起色，他很富有，什么也不需求。狡黠的老人令人回答他说，既然如此，他很高兴，他将把他存留的少数款子分赠穷人。

一个月之后，利奥那多对于那种答复感着不满，重复托人告诉他，说他很担心他的健康和他的仆役。这一次，米开朗琪罗回了他一封怒气勃勃的信，表示这八十八岁——离开他的死只有六个月——的老人还有那么强硬的生命力：

“由你的来信，我看出你听信了那些不能偷盗我，亦不能将我随意摆布的坏蛋的谎言。这是些无赖之徒，而你居然傻得会相信他们。请他们走路吧：这些人只会给你烦恼，只知道嫉羡别人，而自己度着浪人般的生活。你信中说你为我的仆役担忧；而我，我告诉你关于仆役，他们都很忠实地服侍我、尊敬我。至于你信中隐隐说起的偷盗问题，那么我和你说，在我家里的人都能使我放怀，我可完全信任他们。所以，你只需关切你自己；我在必要时是懂得自卫的，我不是一个孩子。善自珍摄吧！”**一五六三年八月二十一日致利奥那多书**。

关切遗产的人不止利奥那多一个呢。整个意大利是米开朗琪罗的遗产继承人——尤其是托斯卡纳大公与教皇，他们操心着不令关于圣洛伦佐与圣彼得的建筑图稿及素描有何遗失。1563 年 6 月，听从了瓦萨里的劝告，科斯梅大公责令他的驻罗马大使阿韦拉尔多·塞里斯托里秘密地禀奏教皇，为了米开朗琪罗日渐衰老之故，要暗中监护他的起居与一切在他家里出入的人。在突然逝世的情景中，应当立刻把他所有的财产登记入册；素描、版稿、文件、金钱，等等，并当监视着使人不致趁死后的紊乱中偷盗什么东西。当然，这些是完全不令米开朗琪罗本人知道的。**瓦萨里记载**。

这些预防并非无益的。时间已经临到。

米开朗琪罗的最后一封信是 1563 年 12 月 28 日的那封。一年以后，他差不多自己不动笔了；他读出来，他只签名；达涅尔·特·沃尔泰雷为他主持着信件往还的事情。

他老是工作。1564 年 2 月 12 日，他站了一整天，做《哀悼基督》。**这座像未曾完工**。14 日，他发热。卡尔卡尼得悉了，立刻跑来，但在他家里找不到他。虽然下雨，但他还是到近郊散步去了。他回来时，卡尔卡尼说他在这种天气外出是不应该的。

“你要我怎样？”米开朗琪罗答道，“我病了，无论哪里我不得休息。”

他的言语的不确切，他的目光，他的脸色，使卡尔卡尼大为不安。他马上写信给利奥那多说：“终局虽未必即在目前，但亦不远了。”**一五六四年二月十四日卡尔卡尼致利奥那多书。**

同日，米开朗琪罗请达涅尔·特·沃尔泰雷来留在他旁边。达涅尔请了医生来；2 月 15 日，他依着米开朗琪罗的吩咐，写信给利奥那多，说他可以来看他，“但要十分小心，因为道路不靖”。**一五六四年三月十七日，达涅尔·特·沃尔泰雷致瓦萨里书。**沃尔泰雷附加着下列数行：

“八点过一些，我离开他，那时他神志清明，颇为安静，但被麻痹所苦。他为此感到不适，以至在今日下午三时至四时间他想乘马出外，好似他每逢晴天必须履行的习惯。但天气的寒冷与他头脑及腿的疲弱把他阻止了：他回来坐在炉架旁边的安乐椅中，这是他比卧床更欢喜的坐处。”

他身边还有忠实的卡瓦列里。

直到他逝世的大前日，他才答应卧在床上，他在朋友与仆人环绕之中读出他的遗嘱，神志非常清楚。他把“他的灵魂赠予上帝，他的肉体遗给尘土”。他要求“至少死后要回到”他的亲爱的翡冷翠。——接着，他“从骇怕的暴风雨中转入甘美平和的静寂。”**诗集卷一百五十二。**

这是 2 月中的一个星期五，下午五时。**一五六四年二月十八**

日，星期五。送终他的有卡瓦列里、达涅尔·特·沃尔泰雷、莱奥尼、两个医生、仆人安东尼奥。利奥那多在三天之后才到罗马。正是日落时分……“他生命的末日，和平的天国的首日！……”诗集卷一百〇九第四十一首。

终于他休息了。他达到了他愿望的目标：他从时间中超脱了。

“幸福的灵魂，对于他，时间不复流逝了！”诗集卷五十九。

这便是神圣的痛苦的生涯

在这悲剧的历史的终了，我感到为一项思虑所苦。我自问，在想给予一般痛苦的人以若干支撑他们的痛苦的同伴时，我会不会只把这些人的痛苦加给那些人。因此，我是否应当，如多少别人所做的那样，只显露英雄的英雄成分，而把他们的悲苦的深渊蒙上一层帷幕？

——然而，不！这是真理啊！我并不许诺我的朋友们以谎骗换得的幸福，以一切代价去挣得的幸福。我许诺他们的是真理——不管它须以幸福去换来，是雕成永恒的灵魂的壮美的真理。它的气息是苦涩的，但是纯洁的：把我们贫血的心在其中熏沐一会儿吧。

伟大的心魂有如崇山峻岭，风雨吹荡它，云翳包围它，但人们在那里呼吸时，比别处更自由更有力。纯洁的大气可以洗涤心灵的秽浊；而当云翳破散的时候，他威临着人类了。

是这样的这座崇高的山峰，矗立在文艺复兴的意大利，从远处我们望见它的峻险的侧影，在无垠的青天中消失。

我不说普通的人类都能在高峰上生存。但一年一度他们应上去顶礼。在那里，他可以变换一下肺中的呼吸，与脉管中的血流。在那里，他们将感到更迫近永恒。以后，他们再回到人生的广原，心中充满了日常战斗的勇气。

罗曼·罗兰